JN292229

実践！小学書写

すぐに使える指導のアイディア

長野秀章　編著

教育出版

はしがき

学校教育において、文字指導の大切さは現場の教師のみならず、国語科教育の基本として、多くの人々に支持されていると思うが、さて、実際の文字の書き方の秩序の学習である「書写」というと、その内容も含めてまだ十分とは言えない面もある。

また、小学校の国語科書写において、文字を正しく整えて書く学習指導は、特に昭和四十三年の毛筆の必修化以降、書写の指導イコール毛筆の指導、それも作品の優劣だけを競ういわゆる作品主義的指導に終始し、「毛筆は硬筆の基礎」という原点を見失って、「硬筆のための毛筆」の内実に迫らなかったことなど、活動は盛んだが、まさに操縦不能、活動あって指導なしという状態になっていたというのは言い過ぎだろうか。

現在、書写指導を取り巻く課題として次の三つがあげられるかと思う。

一、児童の発達等を視野に入れた、「手で文字を書く」ことを含めた書写指導の本質に迫る指導の在り方。

二、現在の児童の硬筆及び毛筆学習における現状の課題への理解度と実態への真の認識度。

三、現職への教育はじめ教員養成も含めた国語科書写の指導の在り方及び、書写における社会人から登用された指導者の資質とその支援の在り方。

それらのことを踏まえて、硬筆においては、児童が生涯にわたって使用し、自ら思考する際の簡便な用具として、日常に生かす技能をどう身につけられるか。毛筆においては、毛筆で文字を書くことが硬筆で学ぶことより効率的かつ効果的な学習であるということが提案されたことがかつてあっただろうか。いずれにしても、毛筆の学習を通して、文字感覚及び書写感覚をどう育成していくのか。それぞれ大きな課題ではある。

以上のような視点に立ち、本書は硬筆指導を中心に据え、毛筆は直接的な指導場面を補うという立場で編集した。

その大きな理由は、戦後はもとより毛筆必修化以降、現場の教師に毛筆技能を必要以上に強要し、教員養成の指導者の中には師範学校卒業レベルの技能を新卒教師に求め、書写の授業をする教師は、毛筆が上手でなければならないというような、毛筆至上主義を唱えた結果、児童以上に毛筆ぎらいの教員が輩出してしまったのではなかろうか、と考えるからである。

毛筆の技能が不要だと言っているのではない。また、教師のその一筆が児童の授業に対する意欲や理解度を格段に上げることも事実である。できれば指導者の技能が高いにこしたことはないが、それらの技能以上に大切なことは、学習指導全体、授業全体を実践、進行していくことの方なのである。毛筆はじめ技能が高い教師は、それだけで児童が驚き、感心する姿に満足したり、また一方で、自分で勝手に苦手、下手と決めつけて、書写の授業そのものを避けていた現実はなかったろうか。各都道府県及び市町村の書写研究組織自体も毛筆至上主義から抜け出せず、書写の研究授業のほとんどが「毛筆」中心の提案に終始し、「試書」と「まとめ書き」とを比較して、拍手で終わるという授業から半歩でも前へ進む工夫がなぜなされないのだろうか。例えばもし毛筆が苦手な教師の場合、ビデオ教材や外部講師、あるいは教室の中にいる毛筆が得意な児童にその部分を書いてもらうような授業があってもよいのであり、その際教師は書写の授業という地図を進むナビゲーターに徹すればよいわけである。

本書が、授業に際して児童の書写に対する関心や意欲を高めるアイディアの資になったり、教師がナビゲーター役になった時に少しでも役に立ったり、何よりも前述の三つの課題を解決する上での参考になれば幸甚に思う次第である。

本書の出版にあたっては、四名の現場の先生（七ページに掲載）はじめ協力していただいた学校、また実践的なアイディアをいただいた松本貴子（東京学芸大学附属竹早中学校）講師、教育出版の荻山直之氏、日本教材システムの南洋一氏など、多くの関係者のご協力とご高配をこうむっている。末筆ながら感謝の意をここに記す次第である。

平成十六年八月

長野秀章識

目次

■編著者
長野　秀章　ながの　ひであき　東京学芸大学教育学部教授
前・文部科学省初等中等教育局教育課程課教科調査官

■執筆者（五十音順・勤務先等は執筆時）
今関　正次　いまぜき　まさつぐ　千葉県千葉市立幸町第一小学校教諭
永島　洋子　えいじま　ようこ　埼玉県上尾市立大石小学校教諭
金丸　典子　かなまる　のりこ　東京都杉並区立高井戸第三小学校教諭
土上　智子　つちがみ　のりこ　東京都荒川区立峡田小学校教諭

正しい姿勢・持ち方

硬筆

よい姿勢ですわる。
背中を伸ばす。
いすと背中の間は
少しあける。
机と体の間を
少しあける。
足は、
少し開く。

●正しい姿勢・持ち方のポイント

（1）児童の体の大きさ（身長）に合った机と椅子を選ぶ。

（2）床面との凸凹がないように確認する。

（3）国語の時間だけでなく、他の教科の学習においても、正しい姿勢・持ち方が習慣化するように常に指導を心がける。

●硬筆用具は、児童の「手」の大きさとの関係をよく見て、あまり太過ぎるような用具は避けるようにしたい。

●鉛筆の持ち方

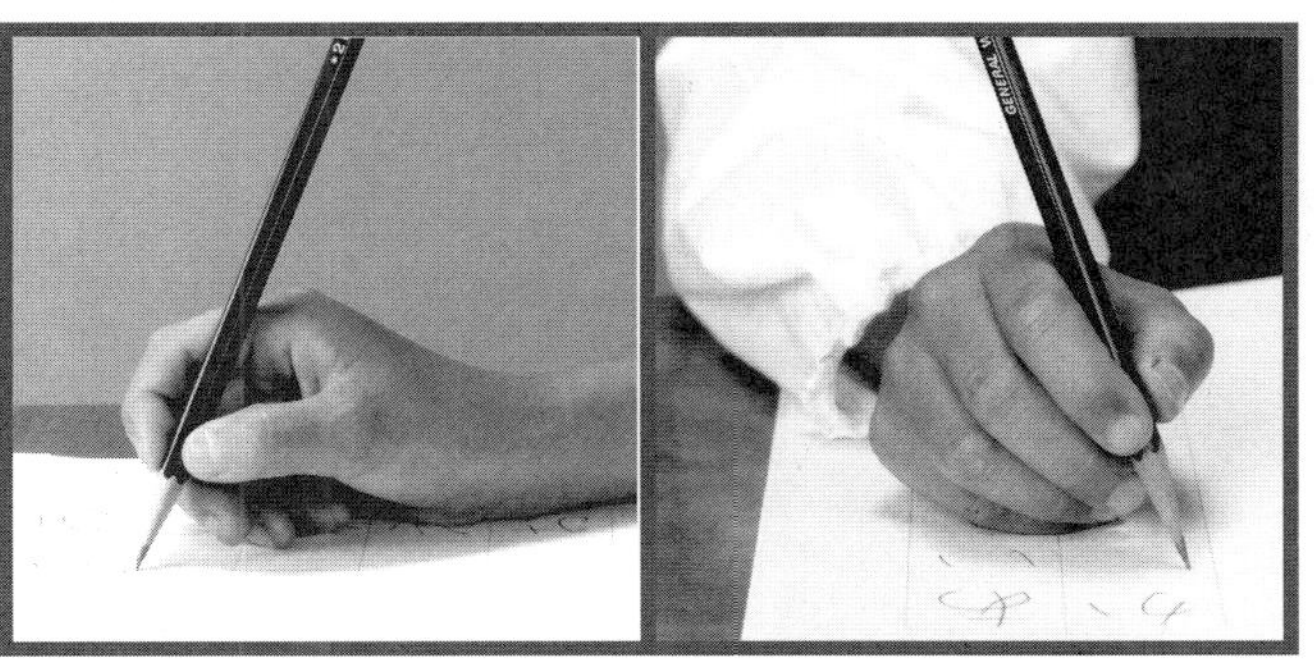

●サインペンの持ち方

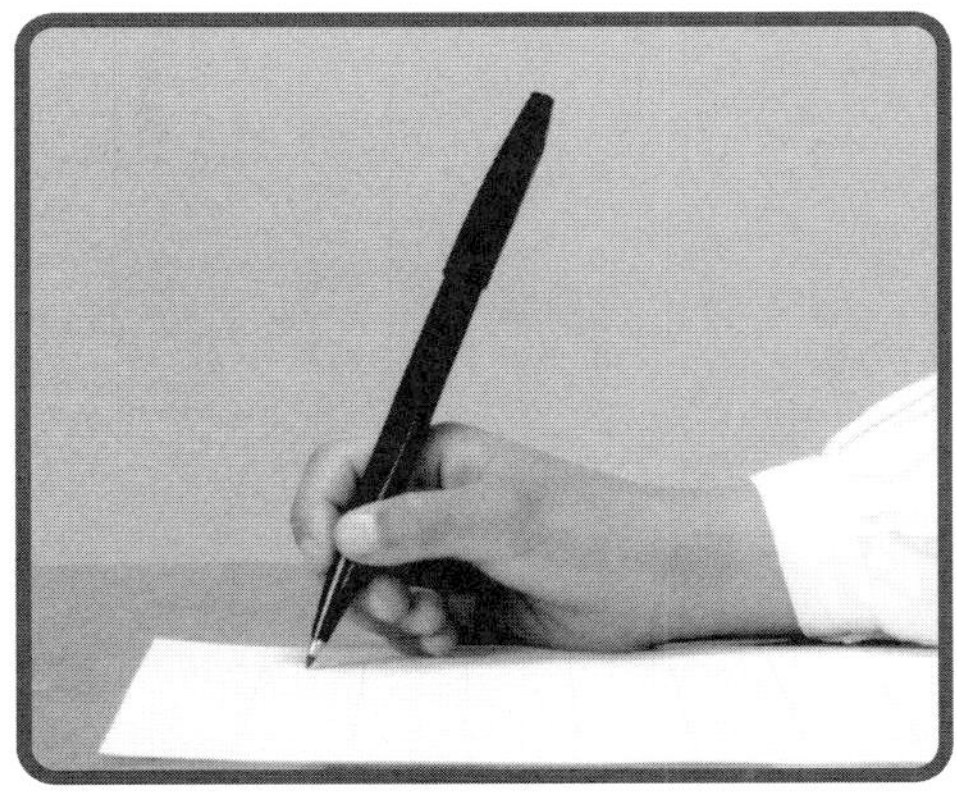

●フェルトペンの持ち方

硬筆用具の種類

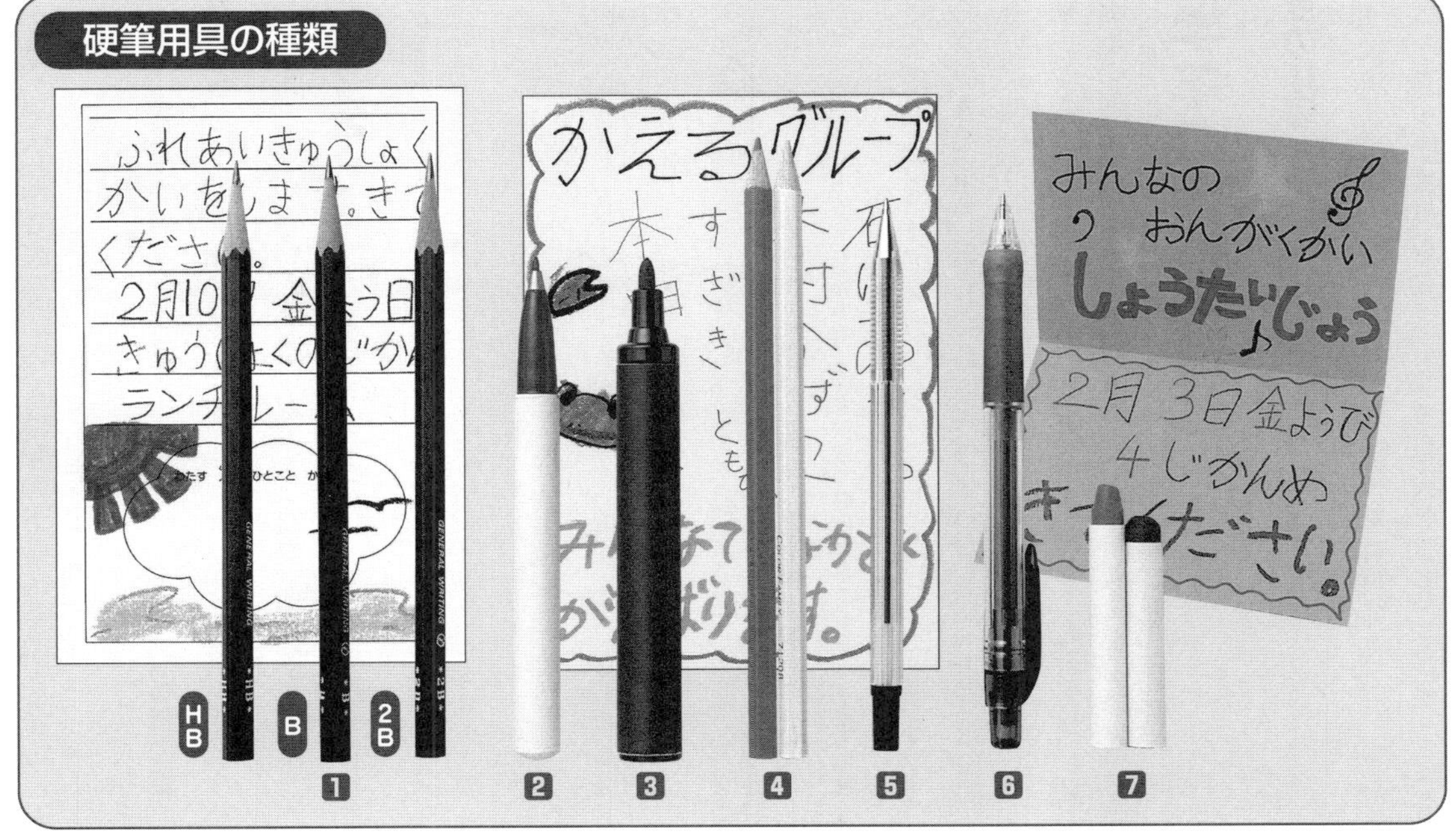

1えんぴつ　2サインペン　3フェルトペン　4いろえんぴつ　5ボールペン　6シャープペンシル
7クレヨン

入門期の指導 硬筆

小学校の硬筆による書写学習の入門期というとき、どの学年まで指すのかは難しい問題だが、ここでは第一学年の仮名（平仮名、片仮名）と漢字を学び始める時期と考え、それぞれの文字を書写の時間に最初に指導する際の留意点について述べることとする。

指導のポイント

1 硬筆用具について

①**硬筆の硬度**は、Bまたは2Bを中心に使わせたい。市販のものには、書写専用としてさらに柔らかいものもある。削り方としては、削り器を使う際はとがらせ過ぎないようにしたいので、はじめは硬度の種類も含めてプリント等に刷るなどして、家庭には連絡しておきたい。教室で削る際も一人ひとりに立ちあい、その加減の仕方を伝えることが大切である。

②**消しゴム**の使い方は、反対の手を消すところの近くに置いて消すように指導することが大切なので、一度一斉に正しい消し方を指導する時間を持つとよい。また、児童は何度も消すことをしがちであるので、消しゴムを使わない時間を設けるなどして、消しゴムの使い方全般について指導することが大切である。

③**下敷き**は、書いた感じがあまり硬度の高いものでなく、書写用には厚めのビニールなど比較的柔らかい材質のものがよい。したがって他の学習用と書写用の二種類の下敷きを用意することになってもよい。

ただ、柔らかいものを使用するとノート等の用紙の裏に書いた線が出やすくなるが、筆圧が高くなっても下敷きでその圧度をカバーすることが大切なので、そうした際は裏面を使用しないなど、はじめはノート等は片面しか使用しないことがあってもよい。

④**その他の用具**

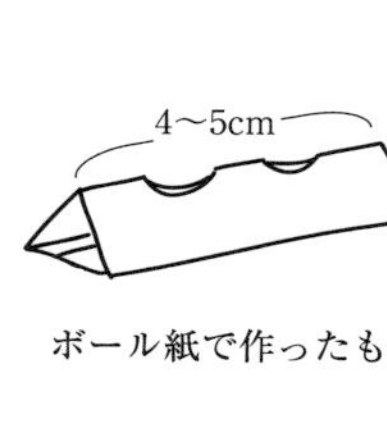

ボール紙で作ったもの

B5ぐらいの広告の紙をたたんで少しひねって作ったもの

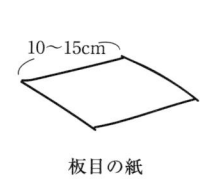

10〜15cm
板目の紙

ティッシュ1枚

ノート等の上に置き、手で書いたところをこすらずに書くための用紙

※授業の際に鉛筆ケースの中から鉛筆を出して使用する時は、鉛筆用の筆置きを用意したり、たて書きを右から左へ書き進む際に鉛筆の硬度が低いものほど手でこすってしまうことが多いので、手の下に置いて書くもの（紙やティッシュ）を用意したりして、用具等の工夫をすることが大切である。

低学年の硬筆指導

2 態度の指導

入門期はもとより、低学年の硬筆指導のポイントの一つに「ていねい」という態度指導がある。児童の実態や学年に応じて、そのていねいさの度合いや内容を具体的にわかりやすく示すことが大切である。

基本的な考え方として、①終筆（とめ、はね、はらい）など学習指導要領等に示されている指導事項そのものをていねいに書くこと。②文字の大きさ（主にマスの中に書く場合）について、マスに対してのある程度の大きさ（80～90％くらい）に留意していねいに書くこと。③ていねいという言葉にゆっくりという言葉を加えて、速度、時間等について十分留意して指導する。その際、児童が書写する時は、指導者も一緒に硬筆を運ぶような気持ちでゆっくり用具を使うなど、書く時間を十分に確保すること、などが大切である。

3 姿勢について〔六ページ参照〕

書写の時間だけでなく、鉛筆を持って書く活動すべてに対して習慣化し、椅子の座り方、硬筆を持った時の構え方など正しい姿勢を徹底することが大切である。

そのためには、児童の身長等に合わせて、机や椅子の大きさを一人ひとり確かめ、用意しておくことがまず大事である。

さらに、習慣化するために次のような合い言葉を最初に一緒に唱えて始まる学級もあるようである。

「**足はペタペタ、背すじはピン、お腹と背中にグー一つ、鉛筆持つとき三本指**（**毛筆では**「**筆は立て**」）、**左手そえて丁寧に、さあ書こう！**」

4 執筆（持ち方、構え方）〔八ページ参照〕

鉛筆を持った時に、その手のひらの中に空間ができることが持ち方のポイント、という考え方を具現するために、さまざまな補助用具が市販されているが、簡単にできる方法を示しておく。

①ティッシュ一、二枚をまるめて、書く時に手のひらの中に入れて鉛筆を持つ

その方法を進めた形として、さらにガムテープで包むようにして固定してしまう。

②鉛筆のまわりにティッシュをふわっと巻きつける。その上にガムテープを軽く巻く。児童の手をその上から正しいもち方で持たせる。できあがり

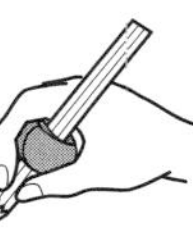

③市販の木の球状に穴があいているもの（のれん用のパーツ）

この球の穴に平ゴムを通して縫いつける。

この球は、手の大きさに合わせてサイズを変える。

5 文字は右手で書かなければならないか

この問題は大変難しい問題であるので、あらかじめ家庭ともよく話し合ってできれば入学前に一度右手で書くことの協力をお願いしたい。

長野

中学年の指導 硬筆

この中学年は、毛筆による書写の学習が始まる時でもあり、硬筆学習の内容のひろがり（一字の学習から多字の学習へも）など、書写学習の大切な時期である。

指導のポイント

1 マスによる学習から行の学習へ

低学年の硬筆学習の中心は、マスによる学習だが、中学年になると行（縦罫、横罫）による多字の学習へと進んでくる。したがって、一字の整え方、書き方は大切にしながらも、文字の大きさや行の中心など、多字の整え方の学習へも指導計画に沿って十分に行えるよう配慮することが大切である。

2 多字の学習へのステップ

多字の学習や普段の生活においても漢字仮名交じり文の表記が多くなる時期でもあるので、特に仮名文字の字形の乱れが生じやすい。平仮名、片仮名の字形に対しても低学年で学習したこととはいえ、あらためて取り上げて指導の時間を設けることなども必要であろう。

3 一字の字形の整え方の充実

一字の整え方の学習では、「組立て方」の学習も始まり、漢字の学習の中心的指導事項となることから、中学年における組立て方の学習内容を整理し、中学年としてグレイド等へも配慮した上で指導にあたることが大切である。

4 毛筆書写との時間配分

具体的に分けること自体は難しいことではあるが、「毛筆による学習は硬筆による学習の基礎」という考え方を基本に、毛筆学習と硬筆学習との関連を図るとともに、硬筆プロパーの学習も計画し、日常の書写力向上をめざすことが大切である。

第三学年の指導のポイント

1 多字の中における平仮名の位置とその大切さ

硬筆の学習は、一字一字の学習と多字の整え方が平行して行われる学年であることを踏まえながら、多字の表現の中、つまり漢字仮名交じり文の整え方のポイントとして、平仮名の字形の学習を取り立てて行うことが大切である。

A すみれの花がさく。

B すみれの花がさく。

Aのようにマスによる学習から、Bのような行の学習に進むことによって、文字の大きさや、配列、行の中心の学習をはじめ、漢字仮名交じり文を整えて書くことの一つとしての平仮名の学習の大切さを考えて、多字の学習へと進めていくことが重要である。

2 組立て方の学習

この学年は、組立て方の学習の最初の段階と考え、左右や上下の組立て方の中でも単純な文字を取り上げて、またその内容も平易なものにするよう配慮が必要である。

◆片仮名と漢字

A

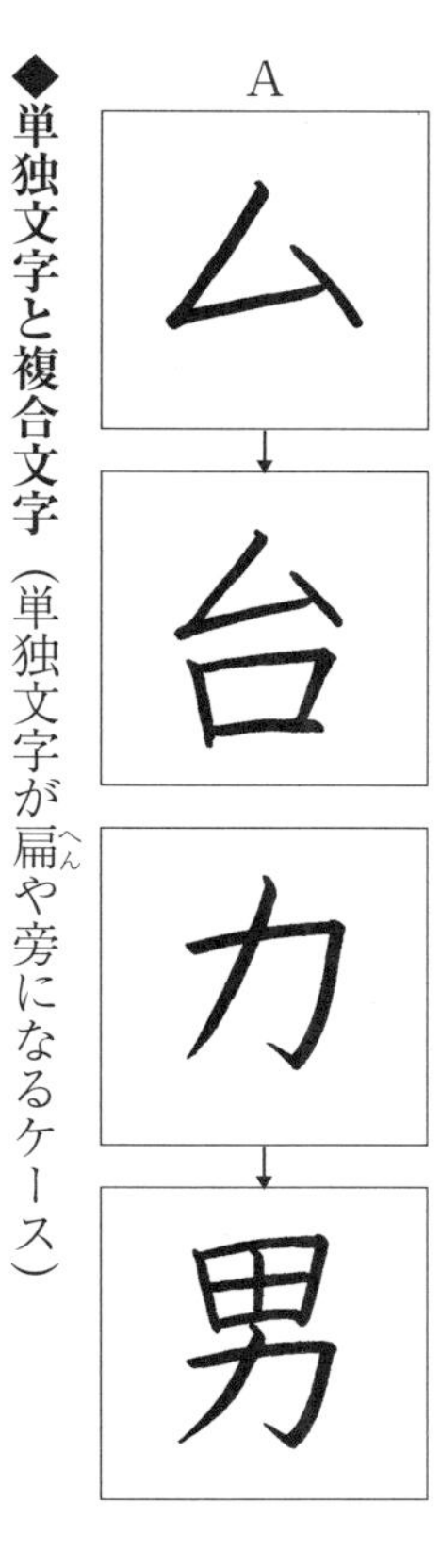

◆単独文字と複合文字（単独文字が扁(へん)や旁になるケース）

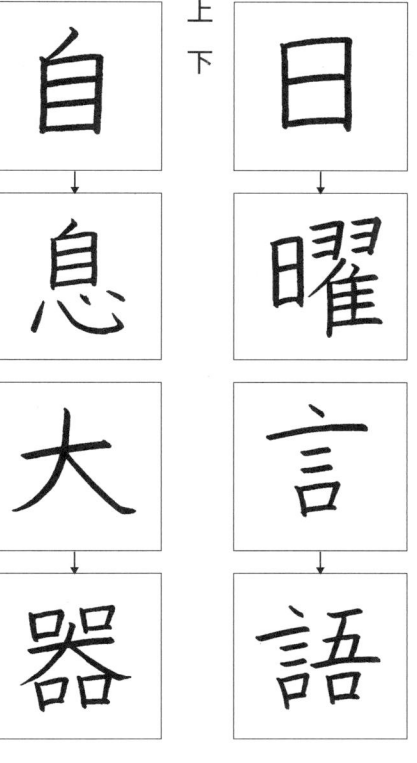

左右

日 → 曜

言 → 語

B 上下

自 → 息

大 → 器

第三学年の硬筆による学習は、一字一字を丁寧に書くことを前提として多字の整え方の学習を進めるが、この学習あたりから一字一字の整え方を大切にしながらも、多字の整え方に重きを置くような指導が求められる。そのために丁寧さの度合いを速度や時間的感覚をも踏まえて単に、丁寧に書くためには時間はいくらかかってよいというような、いわば日常化を無視したような指導は改めなければならない。

そのためには、具体的な指導の場面において、一定の文章を書く際に時間を計るとか、ストップウォッチを使うなど、児童に書写する際の速度の概念をつける最初の学年と考えたい。

2 組立て方の学習

この学年は、組立て方の学習の第二段階の学年と考え、左右や上下の組立て方の中でも、頻度数の多いパターンや少し複雑なものまで指導し、毛筆の学習では、第三学年で学習した単純な文字を取り上げるなど、硬筆と毛筆とのグレイド差を配慮しつつも、関連を十分に考えて行うことが大切である。

力 → 協

行 → 街

長野

第四学年の指導のポイント

1 多字の表記と速度との関連

高学年の指導
硬筆

小学校の第一学年を硬筆でスタートした書写の指導は、第三学年から毛筆による書写の学習が加わり、スタートした時点であった硬筆と毛筆の2学年の差が、この段階になると学習指導要領上においてもその内容がしだいに近づいてきて、硬筆による学習内容と毛筆による学習内容は、用具の違いや書く文字の大きさなど物理的差違はあるものの、一体化した形で指導しやすくなる段階であるので、硬毛関連学習はじめ硬筆の学習が日常生活に生かされるよう具体的な指導が求められるのである。

指導のポイント

❶ 硬筆書写力の日常化について

この段階になると、すべての教科におけるノートの量も増加し、そこに現れる字形もかなり個性的なものになってくる。したがって、日常における書写力の向上ということについては、特に重点を置いて意図的、計画的に実践を行うことが重要となる。

❷ いわゆる許容される書き方について

学年別漢字配当表に示された漢字の字体（字形）通りに書く文字学習から、目的や相手に応じてのいわゆる許容される書き方まで、文字の表現について幅広く指導することが大切である。具体的には漢字書き取りの際の書き方と、日常生活におけるさまざまな書字活動に現れる字形とは違ってよいのである。漢字の字形上二通りの表現を教えることになるが、そのことをよく理解し指導にあたることが大切なのである。

※許容される書き方の具体例

日→日・天→天・新→新

A 日本に新しい風が起こる。

B 日本に新しい風が起こる。

AとB（漢字は許容される書き方）とを比較してみよう。

❸ 聴書など実践的書写学習の場の拡大

国語の文や文章を教師が読んだり、教材の朗読テープ等があれば短文を聞かせたりするなどして、児童が聴きながら書く表記ができる場面を計画することが大切である。

雪がすっかりこおって大理石よりもかたくなり、
空も冷たいなめらかな青い石の板でできて……

（宮沢賢治「雪渡り」）

第五学年の指導のポイント

❶ 許容される書き方への理解

許容される書き方を理解した上で、この段階としての速書力への対応について具体的に計画を練ることが大切である。視写する場合は時間を決定したり、聴写する場合は「わからない漢字は平仮名でよい」というようなアドバイスを言って、普通に読む速さで書いたりして、読みやすく速く書けるようにすることが大切である。

2 硬筆毛筆の関連学習の具体的視点

①毛筆で書いた教材文字をそのまま硬筆で書く。
②毛筆で書いた教材文字を入れて文や文章を作る。
③毛筆書写で学習した内容を整理し、その要素が入っている文字を選ばせて硬筆で書く。
④毛筆で書いた文字を使って熟語を作り、それを硬筆で書く。
⑤硬筆書写で学習した内容を整理し、その要素が入っている文字を模造紙などの大きな用紙に毛筆で書いてみる。
⑥例えば、「進む」という教材を毛筆で学習する際には「進」を使った二字以上の熟語を思い出し硬筆で確かめたり、逆に「学習」という熟語をそれぞれ「学ぶ」や「習う」など語幹と活用語尾とに分解したりして、硬筆や毛筆の学習に関連させて、教材文字や語句を国語的視点から確かめることも考えられる。

3 組立て方の学習

この学年は、組立て方の学習の第三段階と考え、三つの部分からなる漢字や内外からなる漢字など、中学年の学習の上に立った、高学年としての内容を用意する必要がある。

第六学年の指導のポイント

1 許容される書き方への一層の理解

文字が書かれる場面に応じて、より正確さを求められる書き方から自分も含めて相手に伝わればよいというような書き方まで、小学生として幅広く書写できることが大切である。

2

会議の議事録や授業中のノートなど、自分で参加し、そして内容をまとめながら、許される時間内で丁寧に書くという、より高度な書写活動が要求される。したがってそのような視点で、国語の時間だけではなく児童のあらゆる言語活動を見据えながら指導することが大切である。

3 組立て方の学習

この学年が、組立て方の学習の最終段階ということをよく理解し、最も複雑な内容を分類、整理して指導することが大切である。

4 硬筆毛筆の関連学習の具体化の一層の充実

第五学年で示した例をさらに具体化し、毛筆で学んだ書写力、運筆のリズム等が硬筆に生かされるようにすることが重要である。

5 紙面全体の構成の仕方

例えば、横罫用紙に行の内容に対する文字の大きさや行頭の位置等を考慮して、全体をバランスよく構成できるようにすることが大切である。このような書写学習での訓練が、コンピュータ等における印字画面の構成力につながるので、小学校段階としての日常書式を想定して行うことが大切である。

長野

筆使い 始筆

「始筆」とは

硬筆…筆記用具を紙において書き始めるところ

毛筆…筆を紙において、書き始めるところ

毛筆　硬筆

指導のポイント

下記の硬筆例と、毛筆例を比べてもすぐにわかるように、硬筆の場合、児童に始筆を意識させることは難しい。

そこで、低学年で指導する場合でも、毛筆の文字や、実際に毛筆を使用し始筆の意識をさせていく必要がある。

穂先を十時半の短針の方向に向けて「トン」と入る。

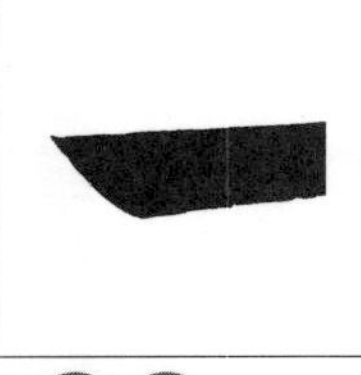
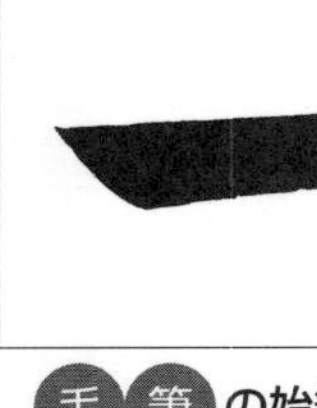

毛筆の始筆

硬筆の始筆

鉛筆の先を右斜め下に少しひくようにして（紙にひっかける感じで）入る。

ＯＨＣ等の機器を使用し、実際に見せ、意識化できるようにする。

始筆を意識していない児童の文字例

毛筆

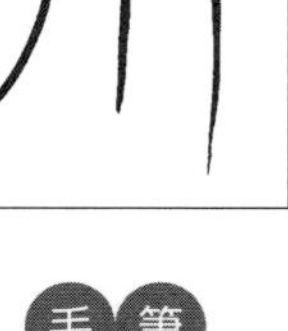
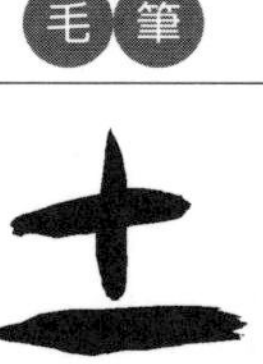

（コメント）

始筆を意識しないで文字を書くと、形が整えにくくなる。線もメリハリがなく、弱くなる。

いろいろな始筆

縦画の始筆

右はらいの始筆

かなの始筆

始筆の大小、強弱はあるが、筆を紙におく角度は同じである。

始筆の指導をするのに適した文字例

低学年の授業では

視覚的に…

この際、硬筆の始筆を置く角度（左斜め上から）を理解させたい。


体験的に…

例えば、砂場で竹ぼうきの先を使って、始筆の角度や、置いてから引く方向を「スーッ」と言いながら、体験してみる方法もある。

硬筆で始筆を意識して書かせ、確かめさせる。
↓
始筆を意識して書くとていねいに書ける

授業のアイディア（中学年）

音で覚えよう

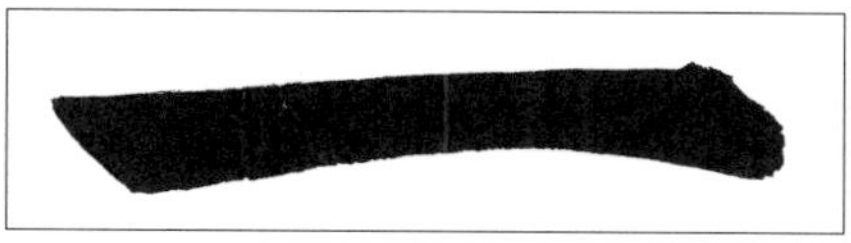

トン ➡ スー ➡ トン

「トン」という言葉を実際に口に出して言いながら文字を書かせます。

「トン」と言っている時間は筆が紙の上に止まります。

練習のつど、繰り返し口に出して言わせることにより、始筆を意識して書けるようになっていきます。

時計で覚えよう

筆を紙におく角度は、時計の十時半の短い針の方向と同じ。
黒板に時計の絵を常掲しておく、児童の机の上に算数用の時計をおいて学習させるなど、いつも十時半の方向が意識できるように工夫します。

発展

さがしてみよう

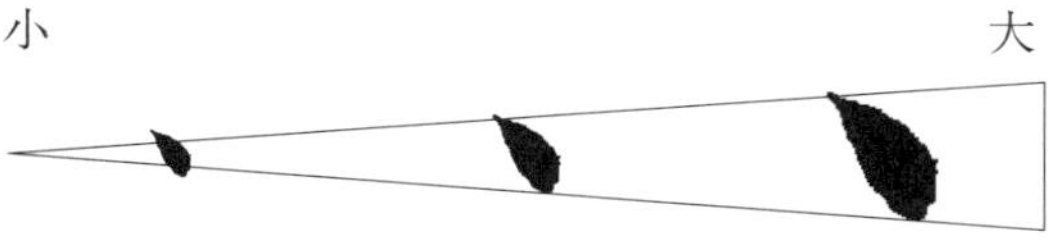

小　大

いろいろな大きさの始筆の文字をさがしてみよう。

〈大〉の文字	〈中〉の文字	〈小〉の文字

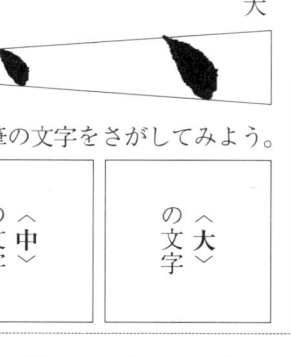

毛筆の導入のころは、児童は始筆をとても意識しているが、学年が進んでくると意識が薄れてくることがある。
高学年では、「始筆の大きさ」に視点をあて、たくさんの文字に応用できるように取り組みが工夫できる。
見つけた文字を見比べて、規則性を発見させ、一般化を図りたい。
〈大〉画数の少ない縦画、横画など
〈中〉画数の多い縦画、横画など
〈小〉右はらいの始筆

土上

筆使い　終筆

とめ

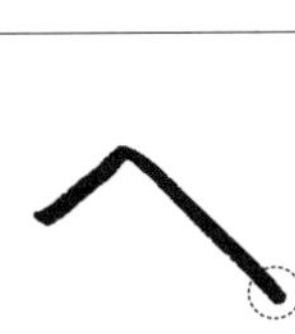

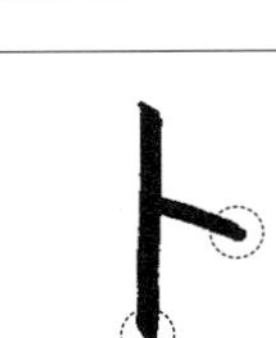

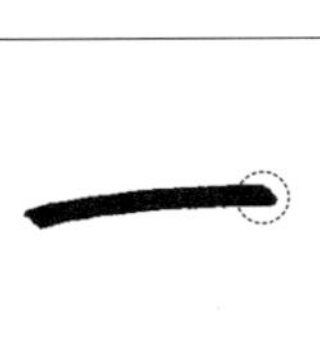

「とめ」とは

送筆の後に用具を運んできた方向でそのまま止める終筆の一つ。

指導のポイント

1 用具は常に正しく持っているか確かめる。また一定の筆圧をかけて止めることは大切だが、力を入れすぎないようにする。

2 送筆の時からどこで止めるかを予測して書くように心掛ける。

3 油性の用具などは、止める時に時間をかけるとにじんでくることがあるので、そのような用具は入門期は使用を避けた方がよい。

4 **低学年及び入門期での指導のアイディア**

①「とめ」という運動の概念を理解させる。

ア、絵で見て理解を深める。

イ、書くときに声を出して行う。

例　とん

※止める時の声（音）をきめておく。

ウ、大きな用具立てをして理解をする。（毛筆入門期等）

例　モップなどのそうじ用具に水をつけて「とめ」の運動の概念を印象づける。

5 **中・高学年の指導上のポイント及びアイディア**

①鉛筆の芯の状態が常に書きやすい状態になっているか確かめる。

②終筆の形「とめ・はね・はらい」が書き分けられているか確かめる（ノート・連絡帳など）。

硬筆

テニス

毛筆

「とめ」を持つ文字例

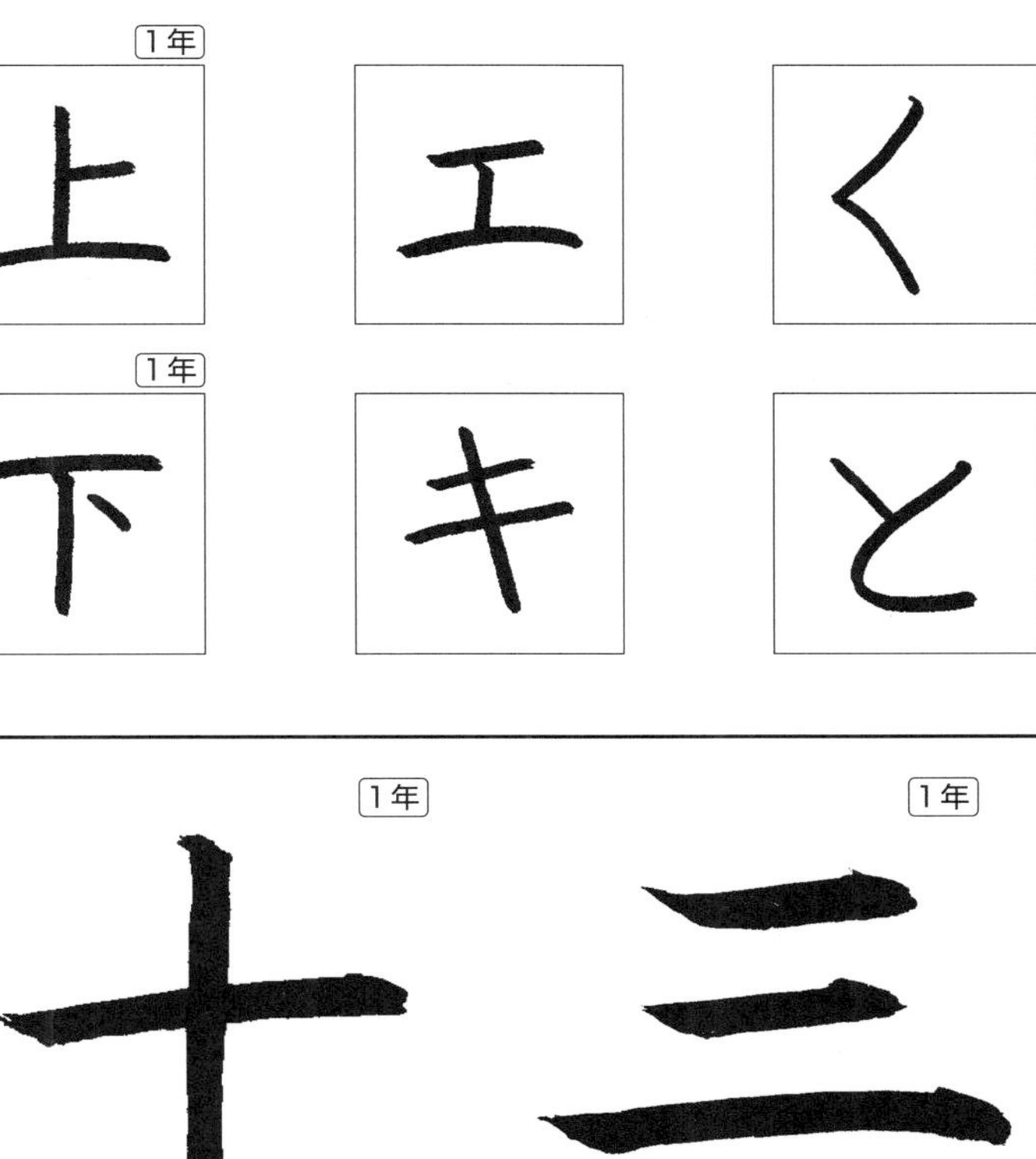

「とめ」のように見えるが、「払い」を使って書く終筆

2年 台

1年 虫

2年 風

発展的内容及び留意点

1 「とめ」の筆使いとしてとらえるだけでなく、その前の筆使いとして始筆、送筆があることもよく理解し、始、送、終の一連の運動として学習することが一般的である。特に「縦画」を書く時に傾いたり、曲がったりしないようにするためには、硬筆では指の働き、毛筆では指と腕の使い方がポイントとなるので、傾いたり曲がったりする児童に対して適切な指導が求められる。

毛筆の縦画の始、送、終筆の筆の角度について示しておくので指導の際に活用していただきたい。

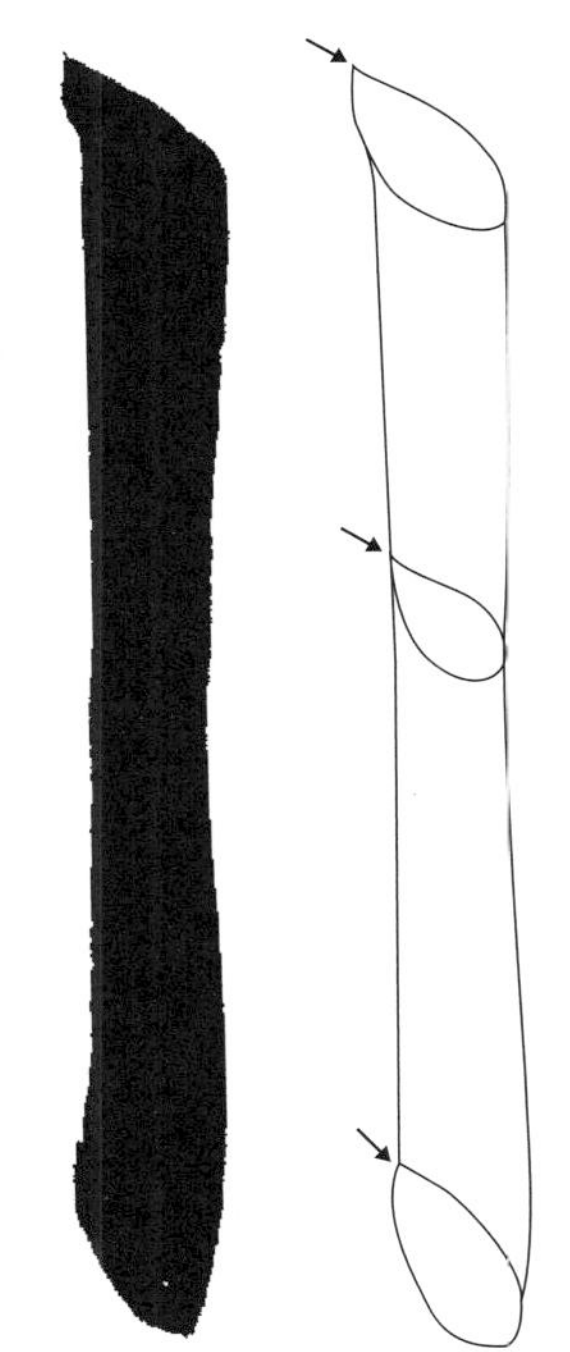

＊終筆の角度は始筆の角度よりやや上がるようにするとよい。

2 漢字の場合「十」の二画目や「川」の三画目（最終画となる縦画の終筆）は、「とめ」として学習するが、中・高学年になると払って書く（許容）ことができるので、表現される形が二通りあることも留意しておくとよい。

長野

筆使い 終筆 はね

「はね」とは

終筆の後、筆を紙から離す時の穂先の軌跡である。

①次の画につながるはね…次の画の始筆の方向へ

②文字の最後の画のはね

指導のポイント

「はね」と名前が付いていても、勢いよくはねると形を整えることはできない。終筆をきちんとおさえることを意識してから、左斜め上にゆっくり持ち上げながら穂先を紙から離していくと、形よく書くことができる。

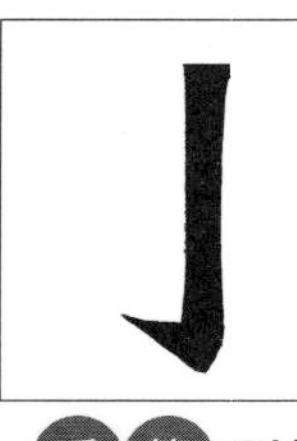

毛筆のはね

終筆をきちんとおさえて（トン）、ゆっくり左斜め上に持ち上げていく。

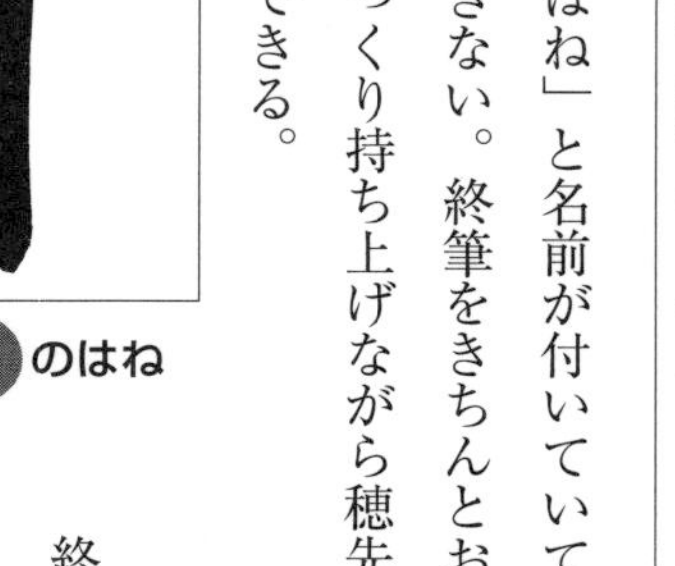

硬筆のはね

鉛筆の先を一度止めてから、左斜め上にゆっくりはねる。

ＯＨＣ等の機器を使用し、実際に見せ、理解を助ける。

①小　②先

児童の文字例

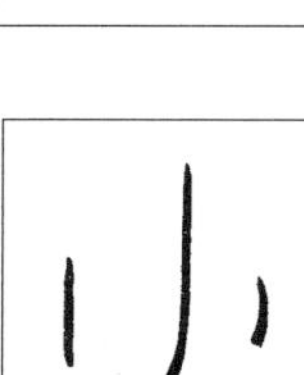

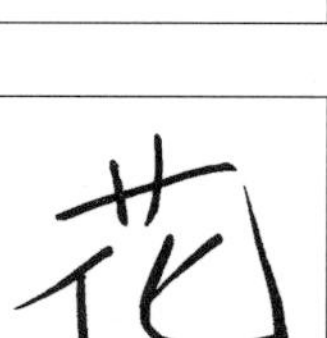

（コメント）

終筆を意識しないではねると形が整わない。はねることを意識しすぎるとはねすぎる。持ち上げる気持ちで。

いろいろな「はね」

次の画につながるはね

最後の画のはね

曲がりの後のはね

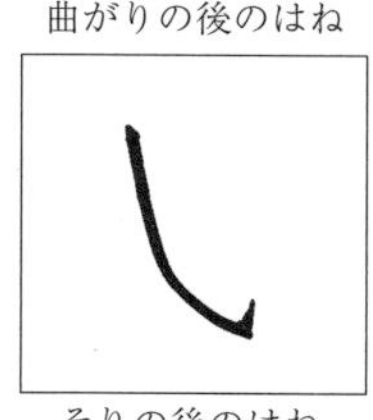

そりの後のはね

はねる前は、必ずきちんと止めている。

「はね」の指導をするのに適した文字例

か　オ　月　九　心

低学年の授業では

視覚的に…

毛筆で実際に「はね」をゆっくり書いてみせる。

体験的に…

二人組になって、ジャンプするところを互いに見合う。

ジャンプする用意をしてからでないと、きちんとジャンプできないことを確かめる。

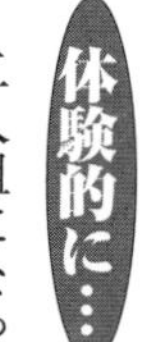

硬筆　終筆を意識して一度鉛筆をとめてから「はね」を書く。

↓

形よく書けることを確かめる

授業のアイディア（中学年）

音で覚えよう（毛筆）

1 ← 2 ← 3

「はね」の力の抜き方

終筆で、一番力の入った状態を「3」、そこから「2」「1」と力が抜けていくにしたがい、筆の弾力で自然に紙から筆が離れていくことが理解できます。

始筆→送筆→終筆→はねまでを声に出して言うと「トン、スー、トン、3、2、1」となり、児童は自然にはねをゆっくり書くことができます。

音で覚えよう（硬筆）

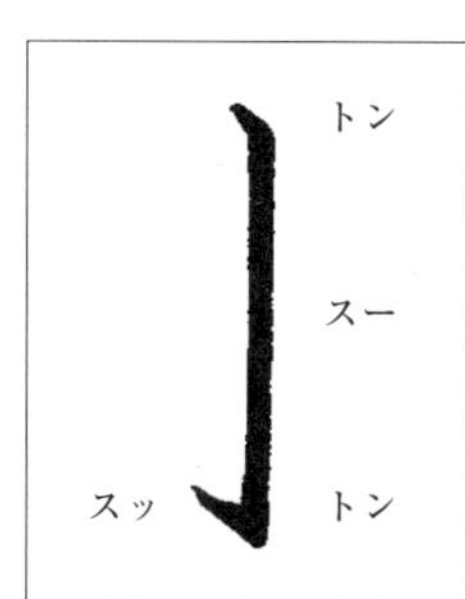

硬筆の場合、毛筆のようにゆっくりはねていたのでは、実用的ではありません。ですから、言葉は、「トン、スー、トン、スッ」となります。硬筆の場合も、「ピョン」ではありません。

発展

さがしてみよう

いろいろなパターンの「はね」をさがしてみよう。

式	花	利	思
そりのはね	曲がりのはね	最後のはね	つながるはね

高学年になると、学習した漢字の量も多くなり、このようなゲームを工夫することができる。

この学習により、児童は自然に漢字を細部までよく見るようになる。また、次の画につながるはねなのか、最後の画のはねなのかを判断するには、書き順もわかっていなければならない。

漢字の学習をする際、ただ丸暗記をさせるより、このような楽しめる活動を取り入れることにより、児童に総合的な文字力をつけていくことができる。

［土上］

筆使い
終筆
はらい

「はらい」とは

終筆の際、筆を止めずに、だんだん力を抜いていく書き方。筆を紙から離す時の穂先の軌跡である。

右はらいは、一度止めてからはらう。

硬筆　毛筆

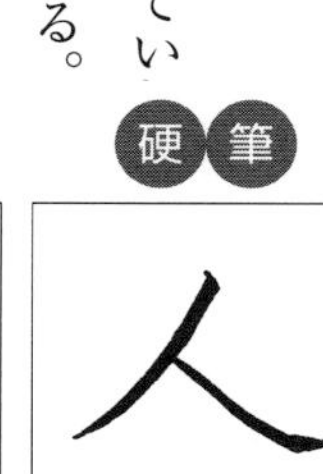

指導のポイント

「はらい」は、最後に穂先が紙から離れるまで、集中してゆっくりはらうと、形よく書くことができる。


〈右はらい〉

はらいの中で、最も形が整えにくい。一度きちんとおさえてから、力を抜きながらゆっくり書く。

硬筆では、止まらずに右はらいのようになってしまうことが多いので、注意が必要である。

〈左はらい〉
送筆から終筆にかけて、ゆっくりとしたカーブを描きながら、徐々に力を抜いていき、ていねいにはらう。
勢いよくはらうと、直線的になるのでゆっくりはらうことが大切である。

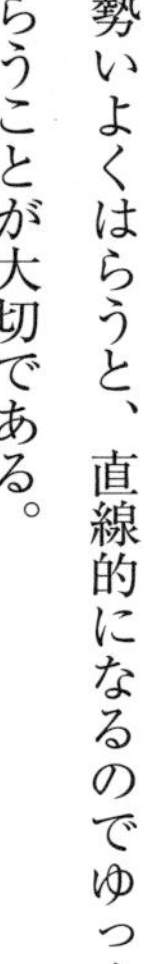

横画　縦画

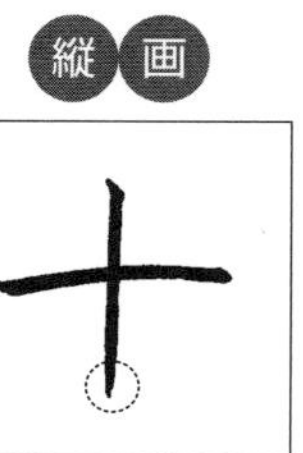

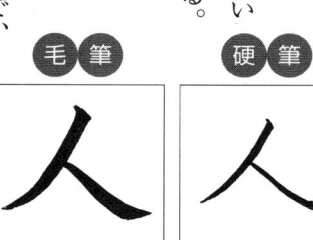

〈横画のはらい〉
横画のはらいは、「とめ」に見えることが多く、気づかずに止めてしまっていることが多い。

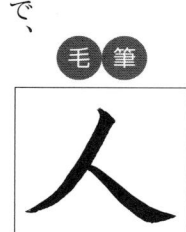

〈縦画のはらい〉
縦画のはらいは、「とめ」として学習する。中・高学年になると許容としてはらってもよいとする。

児童の文字例

右はらいの形

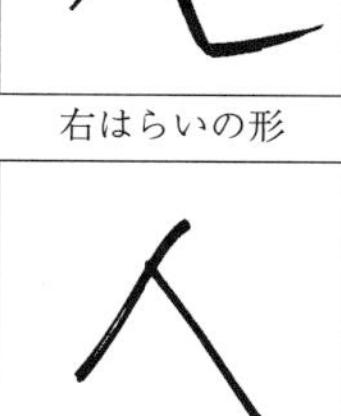
右はらいが直線

左はらいが直線

左はらいがとめ

（コメント）
はらいは最後までていねいに意識して書かないと、形を整えることはできない。

はらいの指導をするのに適した文字例

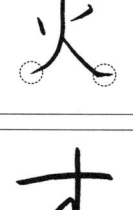

低学年の授業では

視覚的に…

毛筆で実際に「はらい」をゆっくり書いてみせる。
勢いよくはらったときとの違いを確かめる。

体験的に…

ほうきでゴミをはかせてみる。
ゆっくりはくとゴミはきれいに集まる。小さなゴミまで集めることができる。
勢いよくはらうと、ゴミは飛び散ってしまうことを確かめる。

硬筆　終筆を意識してゆっくり「はらい」を書く。
↓
形よく書けることを確かめる

授業のアイディア（中学年）

音で覚えよう（毛筆）

1 → 2 → 3

3 → 2 → 1

「右はらい」の力の抜き方

〈右はらい〉

右はらいの始筆は、小さい始筆です。だんだん太くなっていき、はらいに入る直前が一番太くなります。はらいはだんだん力をぬきながらゆっくり最後に穂先が離れるまでていねいに書きます。

言葉で言うと「1、2、3、3、2、1」となります。

音で覚えよう（硬筆）

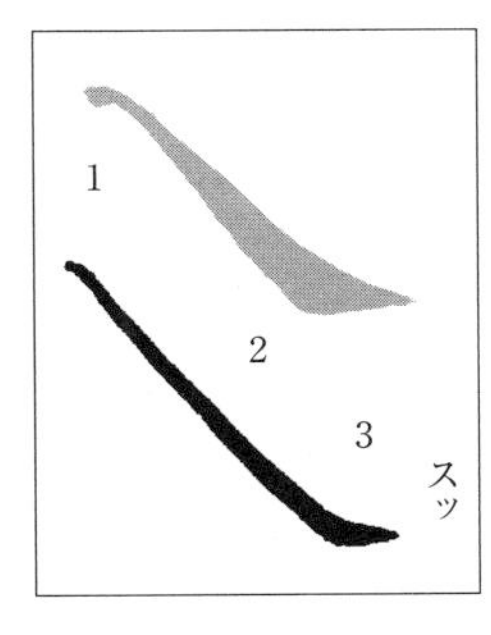

硬筆の場合、毛筆のようにゆっくりはらっていたのでは、実用的ではありません。ですから、言葉は、「1、2、3、スッ」となります。

比べてみよう（左はらい）

はらいの方向と書き順の関係を調べてみよう。

上の部分を反対にするとおかしいのはなぜだろう。

左
右

①分解文字を用意する。
②児童に「左右」という文字を組み立てさせる。
③なぜ、「左右」の横画とはらいを取り替えると、文字のバランスが悪くなるのか考えさせる。
④筆順と横画、はらいの長さ、方向の関係をおさえる。
左…横・はらい・横・たて・横
右…はらい・横・たて・横・たて・横
※三画めに着目すると、筆順がわかる。
⑤他の文字を分類してみる。

土上

筆使い

終筆

むすび

「むすび」とは…

ひらがな独特の終筆。もとの文字の違いによって、形に違いがある。

毛筆	硬筆
は	は
な	な
す	す
ほ	ほ

指導のポイント

もとの文字によって形が違うが、右のように硬筆ではその違いにとらわれすぎないほうがよい。

毛筆では筆の軸を回さないで書くことが正しく書くポイントである。児童への指導法は、下記の通り（中学年）である。

硬筆では、形を整えて書くことはあまり難しくない。しかし、毛筆の筆使いができるようになるのはとても困難である。だから、毛筆の導入では、○筆の軸を回さないこと、○ある程度形が整っていることを目標とし、筆使いにこだわりすぎないことが大切である。

低学年の授業では

視覚的に…

○毛筆で、筆を回さずに書いているところを見せる。

○ちょうちょ結びの形

まるではないことを確かめる。

（「むすび」という名前の由来）

ひらがなの丸い部分は、まんまるにならないように書く。

×の　○よ

↓

形よく書けるね

授業のアイディア（中学年）

二色筆で確かめよう（毛筆）

最初、白い面を見せて書き始めます。「さて、どこで黒い筆に変身するでしょうか。」など、クイズ形式で質問し、児童に予想させると、児童は一生懸命に画面を見ます。

結びの筆使いは、筆の軸を回して書かないということを理解させやすくなります。↖

パタン

どこで返るかな（OHC）

児童の文字例

硬筆

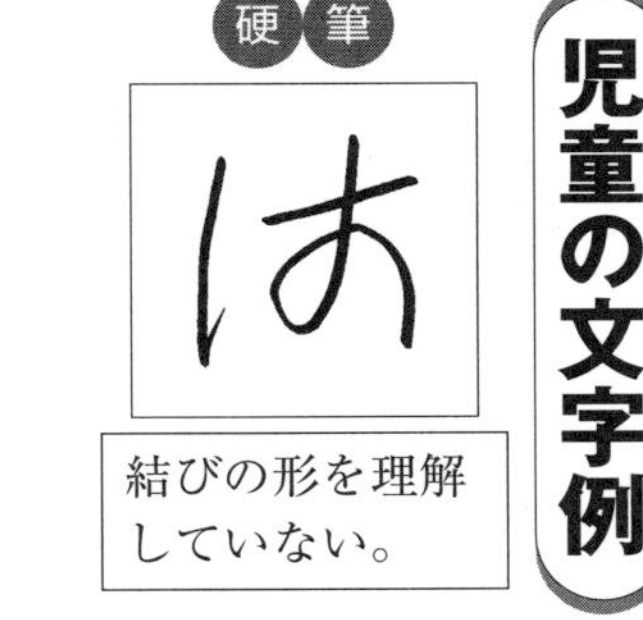

結びの形を理解していない。

毛筆

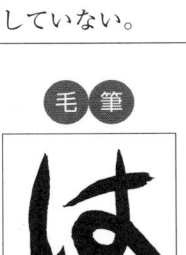

筆の軸を回しながら書いている。

砂の上に書いてみよう

ほうきを両手で持って、砂の上に結びを書いてみます。両手で持って、力をいれて軸はまわしません。

パタンとほうきの先が返る瞬間が実感できます。

パタン

自分はしっかり立って、動いてはダメ

土上

発展

社会科との関連　平安時代にできた平仮名

もとの漢字と比べてみよう

漢字　波　保

↓　↓

波　保

↓　↓

平仮名　は　ほ

平仮名ができる前の文章（『万葉集』など）と、平仮名ができた後の文章（『土佐日記』など）を比べ、平仮名の歴史を知る。

児童は、もとの漢字が違うので、むすびの形に違いがあるということを理解できるようになる。むすびのあるその他の文字についても自分で調べ、毛筆で実際に書いてみる。社会科の学習と、毛筆で学んだことを、普段の生活で硬筆に生かせるようにする。

行書の学習へ

新緑の山

その他の平仮名の成り立ちを調べる学習へ

安

↓

あ

以

↓

い

筆使い

送筆

おれ
おれかえし

「おれ」とは…

送筆の途中で、いったん筆をとめ、方向を変えたところ。

「おれかえし」とは…

おれが二回以上続くことをいう。硬筆ではわかりにくいが、毛筆だと筆が返るので、「おれかえし」という。

指導のポイント

児童の文字例に示してあるとおり、硬筆では、「おれ」が「おれ」として意識されず、「曲がり」に近くなってしまう。毛筆では、「おれ」の部分にはっきり筆を止めたあとが残るので児童に理解させやすい。

「おれかえし」も「おれ」と同様、「曲がり」の連続になってしまうことがある。

毛筆で示すと、パタンパタンと筆が返る様子を拡大してわかりやすく示すことができる。

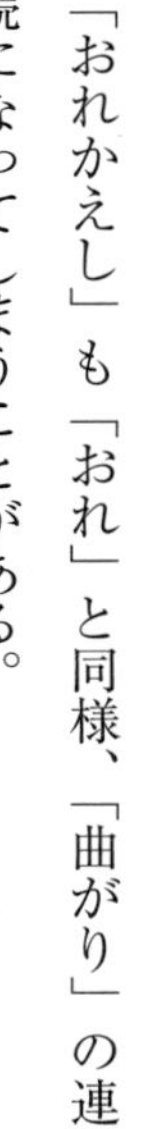

児童の文字例

曲がりになっている

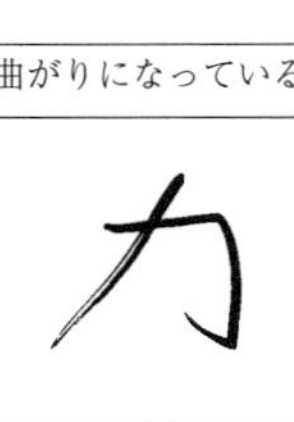

おれの方向が整っていない

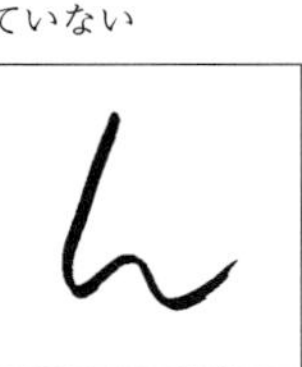

おれかえしが曲がりになっている

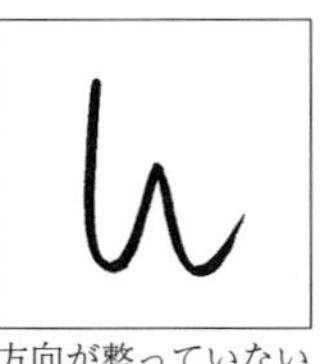

方向が整っていない

（コメント）

「おれ」「おれかえし」をきちんと書かないと、文字の形を整えることはできません。

「おれ」の方向

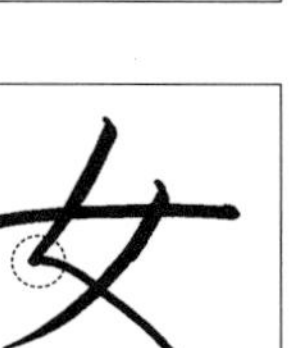

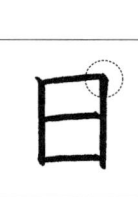

「おれ」に入る前の線とおれた後の線の作る角度は、文字によって違う。

「おれかえし」の方向

方向だけでなくその後の筆使いも色々。

＋曲がり＋はらい

＋回り＋むすび

＋おれかえし＋そり

＋曲がり＋曲がり

低学年の授業では

視覚的に…

○毛筆で、おれるときにはいったん筆をとめているところを書いてみせる。

体験的に…

○ろうかを歩いてみる。直角に曲がるには角に足を置き、その足を軸に体を回転させるとできることを、友達どうしで確認させる。

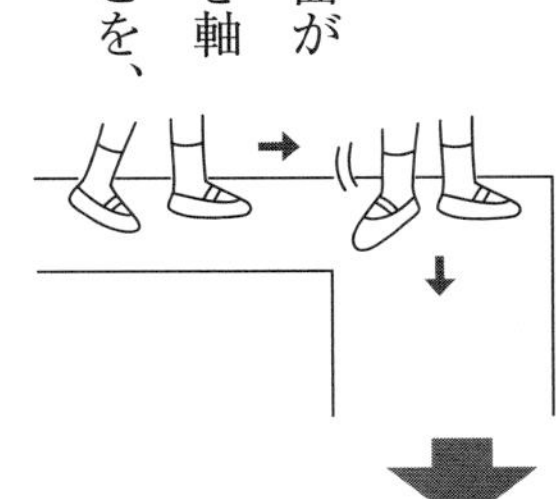

硬筆で「おれ」を意識して、書かせてみる。
↓
しっかりとした文字が書けるね

授業のアイディア（中学年）

音で覚えよう（毛筆）

始筆・送筆・終筆の時と同じように、「トン」と「スー」という言葉を使って実際に口に出して言いながら文字を書かせます。

学習の度、繰り返し同じ言葉を使うことにより、児童に「トン」と言うところでいったん筆を止めることを、定着させます。

おれかえしの筆使い

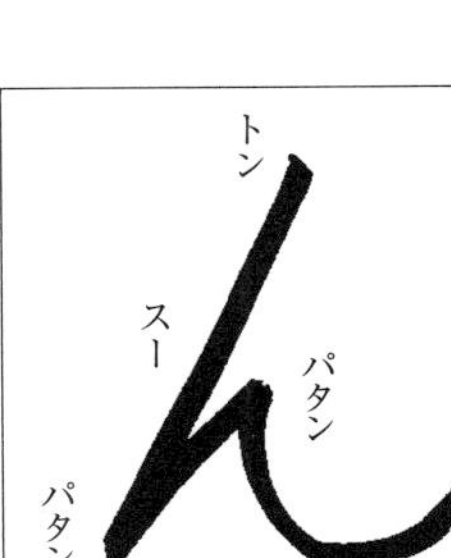

絵の具の時に使う、平筆でおれかえしの感じをつかみます。

パタン、パタンと筆の両面を使うことがわかったら、毛筆に挑戦。

硬筆では、パタンと筆を返したところを意識して「おれ」にすることで、メリハリのある整った文字を書くことができます。

発展

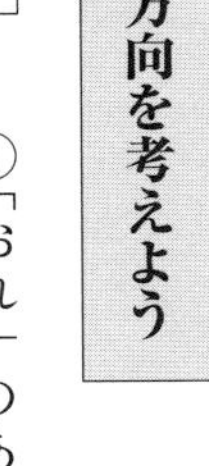

おれの方向を考えよう

①「おれ」のある文字をたくさん用意し、「おれ」の方向で分類させる。
②規則性があるかどうか考えさせる。
③〈児童の反応例〉
・書き順に関係ありそうだ。
・縦画と横画の長さに関係ありそうだ。
④横画の方が長い場合、少し内側におれる。
⑤他の文字についても調べてみる。

日	月	中	西
目	用	口	皿

土上

筆使い

送筆

曲がり
回り・大回り

「曲がり」とは…

送筆の途中で、筆をとめないで、方向を変えたところ。角がまるくなる。

「回り・大回り」とは…

ひらがなの丸い部分。曲がりよりもっと曲線的な線になる。硬筆ではあまり難しくないが、毛筆では筆使いが難しい。

「大回り」とは「の」のように一周近く回るものである。

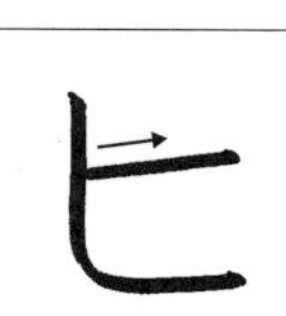

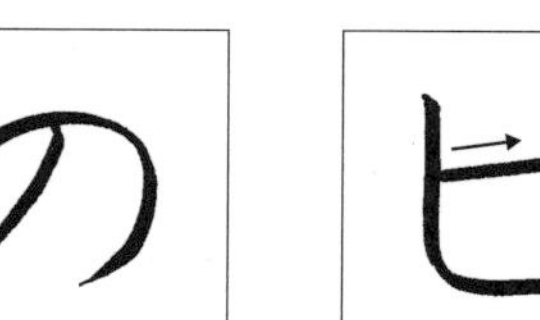

指導のポイント

し　ら

「曲がり」を書くときは、曲がるときにスピードを落とすことで上手に書ける。

硬筆では、毛筆より書きやすいが、スピードを落とさないと「おれ」になってしまう。「おれ」なのか「曲がり」なのかはっきり理解して書くこと。

ひらがな独特の筆使いである。硬筆では書きやすいが、毛筆では自然に筆が返るところが難しい。硬筆で形を整えて書ければ、毛筆の筆使いにこだわり過ぎない方がよい。

児童の文字例

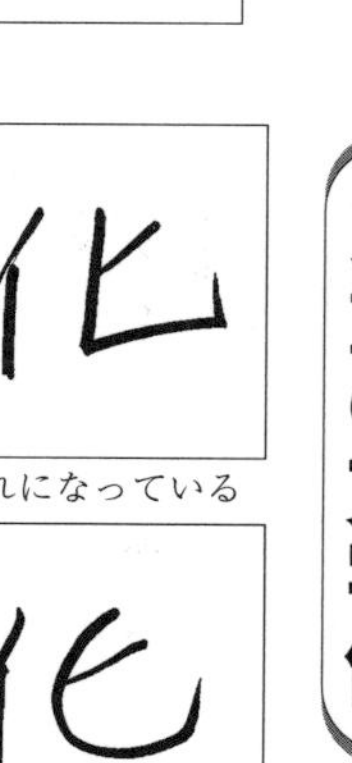

おれになっている

曲がりすぎて丸字になっている

そりになっている

筆の軸を回している（毛筆）大回り

（コメント）

「曲がり」なのか「おれ」なのかをきちんと理解して書かないと、文字の形を整えることはできません。

「曲がり」の文字

色　毛

「そり」の例

心

「曲がり」「おれ」「そり」の違いをはっきり意識して書くことが大切である。「心」は活字では曲がりのようだが、「そり」である。

「回り」の文字

つ　ろ

「大回り」の文字

め　の

小学校では学習しないが、発展として、行書、草書では、「回り」

「大回り」が使われる。

低学年の授業では

視覚的に…

○毛筆で、曲がるときにはスピードを落としているところを書いてみせる。

体験的に…

○校庭に曲がりの線を書き、その上を走ってみる。上手にカーブを曲がるには、スピードを落とさないと曲がることはできないことが実感できる。

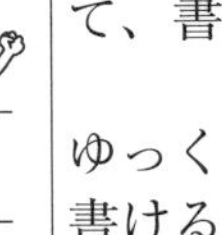

硬筆で「曲がり」を意識して、書かせてみる。
↓
ゆっくり曲がるときれいに書けるね。

授業のアイディア（中学年）

穂先の通り道を確かめよう（毛筆）

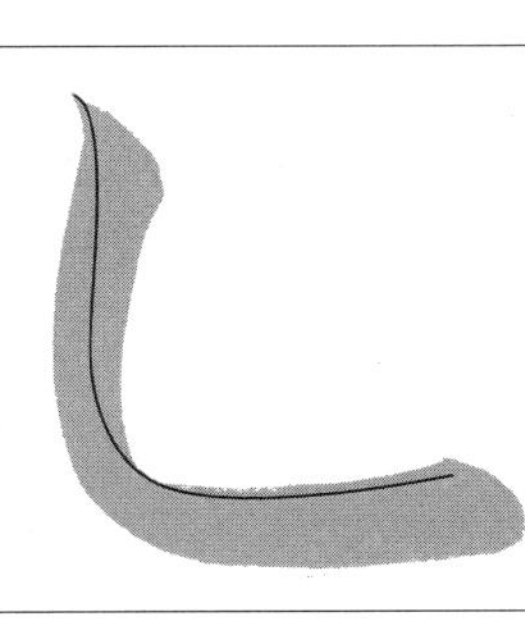

〈準備〉水をつけて絞った筆の先だけに墨をつける。

教師がまず、「曲がり」を書いて、穂先の通り道を示します。児童も同様にして練習させます。筆の軸を回したり、手首を横に向けてしまうと穂先が正しい場所を通らないことを実感できます。また、ゆっくり曲がらないと「おれ」になることも実際に試させます。

「回り」の筆使い

書き終わった後の筆の先

らせん状の模様を描かせます。これは、毛筆の導入の時に書かせますが、ひらがなの学習の時には、繰り返し書かせると筆の軸をまわさないようにするためのウォーミングアップになります。

書き終わった後、筆の先がくるくるとねじれていたら、筆の軸を回さずに、きちんと筆使いができている証拠です。

発展

俳句を短冊に書こう（硬毛ペン）

国語または総合的な学習の時間との関連

「曲がり」「回り」「大回り」の毛筆の筆使いは難しいが、硬毛ペンを用いることにより、鉛筆やフェルトペンに近い感覚で毛筆の文字を書くことができる。

国語などの学習で俳句等を作り、作品として掲示する場合、硬毛ペンを使わせるとよい。

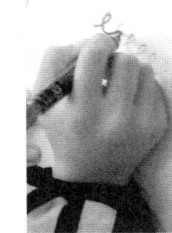

（土上）

春の海
ひねもすのたりのたりかな

筆使い　送筆

そり

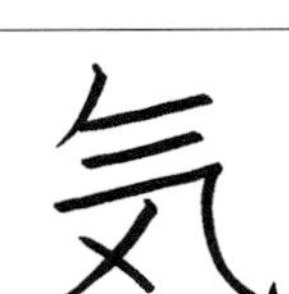

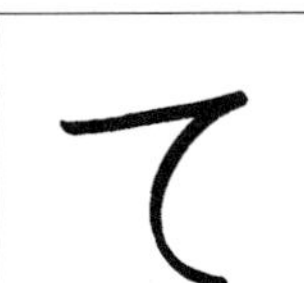

「そり」とは

送筆部分が曲線的（弓なり）になっているもの。右回転と左回転のそりがある。漢字の場合、終筆は「はね」になっている。

指導のポイント

1 そりは、まっすぐにならないように書くことが大切であり縦画をゆるやかにそらし、右側あるいは左側にはねる。

2 「子」の場合は、少し外側にふくらませるように書く。

3 「気」の場合は、少し内側に入れてからそるように書く。

4 **低学年及び入門期でのアイディア**

①「そり」という運動の概念を理解させる。

ア、体の部分を使ってそりを体感できるようにする。

・自分の体や手を後ろにそらしてみる。

イ、そりの部分を指でなぞり書きする。

ウ、そりの部分をクレヨンやフェルトペンなどでなぞったり、大きく書いたりする。

5 **中、高学年の指導上のポイント及びアイディア**

①「そり」と「まがり」の違いを視覚的にわかるようにする。

②「そり」と「まがり」を含む漢字をクイズ形式で分類したり比べて書いたりできるような練習用紙で学習できるようにする。

硬筆

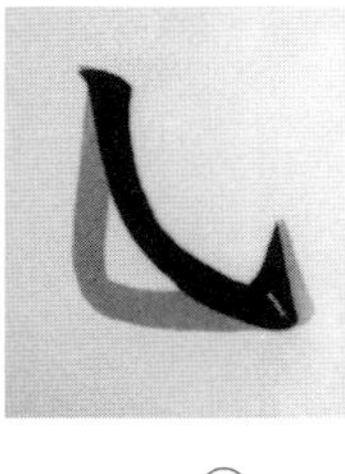

①そりの筆使いを習得できるようにする。

ア、筆を使って、穂先の通り道がわかるような工夫をする。

イ、そりの筆使いが練習できる練習用紙の工夫をする。

※朱墨または赤や黄など（水彩絵の具を水で溶いた色）を目立たせるために、あらかじめうす墨をつける。

毛筆

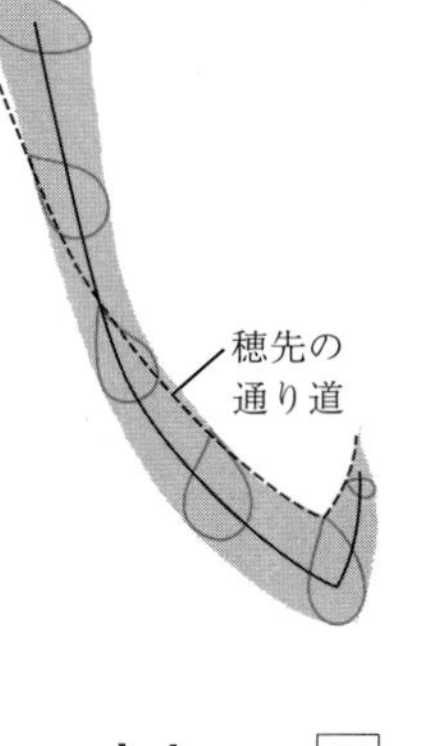

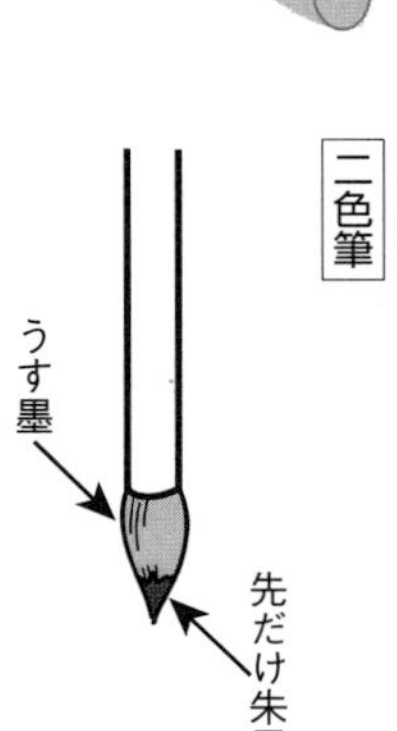

「そり」を持つ文字例

て　し

）

し

そ　字　心

風　手　思

紙　家　息

そりには、始筆の筆使いで小さい始筆と大きい始筆とがある。硬筆ではその違いがわかりにくい面もあるので、低学年から毛筆で書いた理解教材を用意することも大切である。

発展的内容及び留意点

1 常用漢字表の明朝体活字と教科書体活字との間にはいろいろな点で違いがある。ここでは、漢字の字形上の許容を考える上でそりに関する例をあげておく。

子→子

手→手

2 そりは、右側へふくらむものと、左側（「心」などは左下）へふくらむものとがある。また、終筆が必ずはねるが、始筆、送筆から終筆まで文字によって、それぞれ画の長さ（送筆の距離）に比較的短いものと長いものとがある。

①短いそりの例

気[ア]　熱[イ]　子[ウ]　教[エ]

②長いそりの例

式[ア]　成[イ]　独[ウ]　犯[エ]

※①の比較的短いそりの送筆の形は、円を描く時の一部分（弧）に近い形になるのに対して、②のア、イの場合の送筆の形は、終筆の「はね」に近づくにつれて曲線の度合いが増すように書き、ウ、エの場合は逆に始筆のところが曲線の度合いが強い。

金丸

筆使い

部分と部分の整え方（二画以上）

方向

人　タ　友　に　り

「方向」とは

字形を整える上で大切な要素の一つで、一文字中の点画の向きのことをいう。水平・垂直を軸として傾きの度合いを示すので、角度という場合もある。

指導のポイント

1 二つ以上の点画や部分の縦画相互、横画相互の方向のとり方に用いられることが多い＝平行　王　川

2 横画と縦画、左払いと右払いが交わるときに用いられる＝垂直　十　文

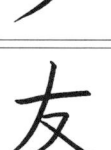

3 斜画としての左払いの方向は多彩であるため、その方向と長さに注意する。　千　人　大　月

4 ひらがなは筆画数が少ないので、線の方向が重要になる。特に、向かい合った線相互の方向関係は字形を整える上で大切な要素である。

5 低学年及び入門期の指導のアイディア

①「方向」という概念を理解できるようにする。

ア、いろいろな方向に歩いたり、並んだりして、いろいろな方向を体感できるようにする。写真にとったものをお互いに見合えるようにする。

イ、分解文字やはと目（割りピン）分解文字を使って、理解する。

6 中、高学年の指導上のポイント及びアイディア

硬筆

①色別の分解文字を使って、縦画相互、横画相互、斜画相互の方向が理解しやすいようにする。

毛筆

②教材文字に応じて、中心線や補助線を練習用紙や半紙につけることにより、方向に着目できるようにする。

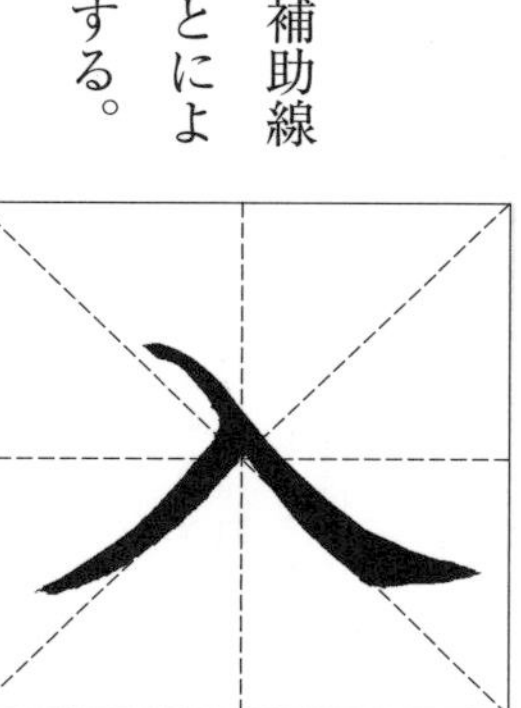

「方向」に気をつける文字例

▼上下に向かい合う線（ほぼ平行）

▼左右に向かい合う線（ほぼ平行）

▼斜めに向かう合う線

こ　た

り　け

さ　き

※「こ」や「り」の一筆目の終筆、「さ」の二筆目の終筆は次の線に移行する気持ちとして、はねのような筆使いをする。

◎漢字の右はらいと左はらいとが、組み合わされている文字と、左はらいだけのものとがある。

組合せ例

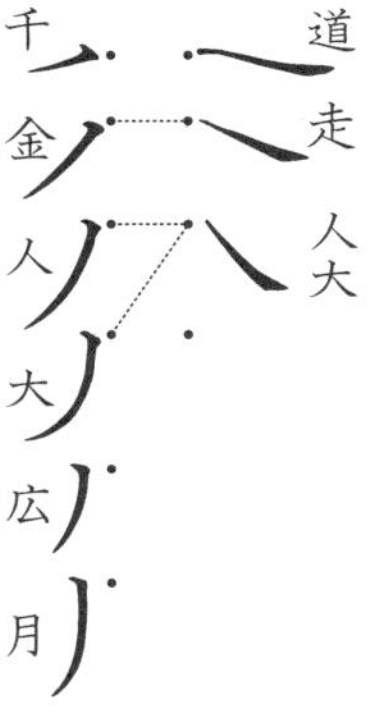

道　走　人大

千　金　人　大　広　月

※右はらいの方向は三つの方向になる。

※左はらいの方向は、分類のしかたにより幅はあるが、六つの方向になる。

発展的内容及び留意点

1 縦画相互の方向は、平行かまたは下方でだんだん狭くなるようにし、左払い（上下に重なる場合）が並ぶ場合は、平行かまたはだんだん広がるようにすることが多い。その箇所が文字の中での上下の位置により変化することがある。　日　口　タ　場

2 左払い（左右に重なる場合）が並ぶ場合は、二つ目の左払いのそりが強調されることが多い。また、右払いの方が左払いよりもやや下がることが多い。　友　夏

3 点画の方向の項目

①折れの方向　口　目
②曲がりの方向　元
③そりの方向　気　手　代
④右払いの方向　大　走
⑤左払いの方向　千　花　右　左
⑥はねの方向　気　月　円　花
　気　力
⑦点の方向　言　雨　海
　黒　米

4 許容の形

①左払いと横画　風－風　比－比
②斜画と縦の点　主－主　語－語
③「小」の点　絵－絵　組－組
④れっかの点の方向　黒－黒　馬－馬

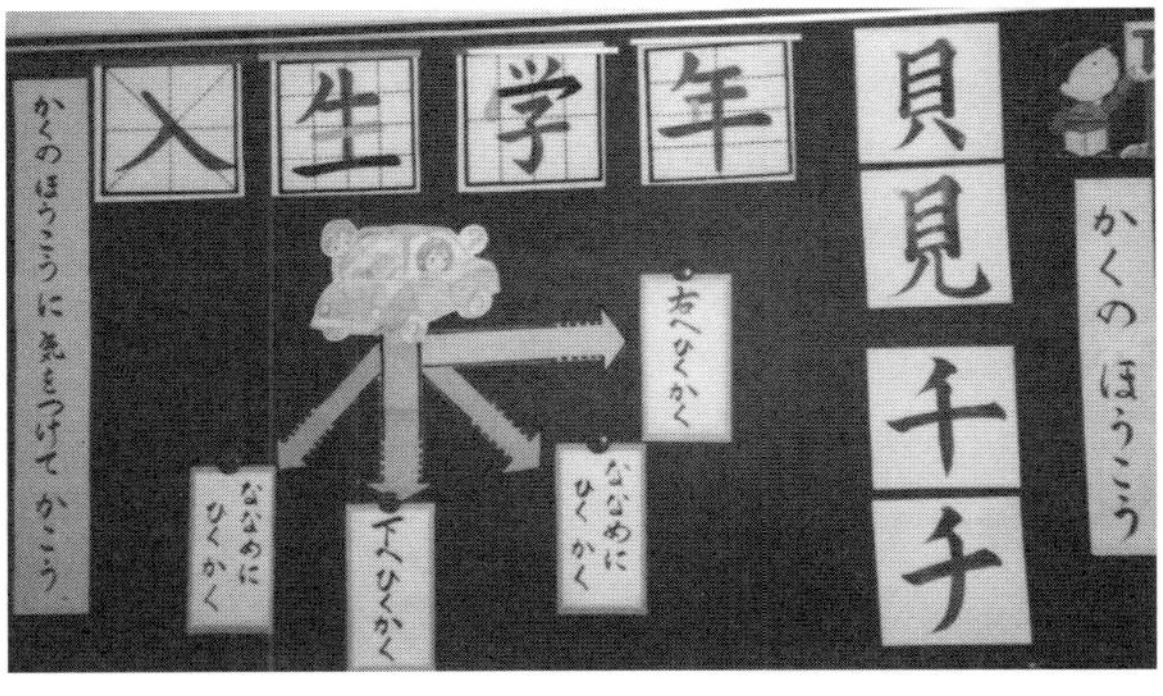

金丸

筆使い

部分と部分の整え方（二画以上）

長短

三　書　青　止

行　小　夕　友

「長短」とは

字形を整える上で大切な要素の一つで、一文字中の複数の点画の長さの違いをいう。一般に、複数の横画、複数の縦画を比較していう。

指導のポイント

1 一字の中で他の画と長いか短いかを考えて書くことは、字形を整える上で重要なことである。特に、漢字は縦画よりも横画の方が多く、横画相互の長短関係が字形に大きく関わってくる。

2 点画の長短の如何（いかん）が誤字や別字になったり、字形が崩れて読みにくくなったりする場合があるため、その原理・原則について理解ができるようにすることが大切である。（土・士　未・末）

3 横画の長短の関係→一字の中では一画だけを長くする。　三

4 縦画の長短の関係→中心部を長く、左右を短くする。　山

5 左払いの長短の関係→下になる左払いを長くする。　夕

6 **低学年及び入門期の指導のアイディア**

①「長短」に着目できるような教材・教具の工夫をする。

ア、音声化して、画の長短を意識できるようにする。

長い→スー　短い→スッ　点→トン

イ、粘土やモール等を使って、学習する文字をつくる。

ウ、板マグネットを使った「かたちめがね」を文字にあてておおまかな形（長方形・正方形・三角形）をとらえられるようにする。その際、なぜそのような形になるのかも考えられるようにする。

四→縦画より横画が長い

山→一画目が長く二画目の横画が長い

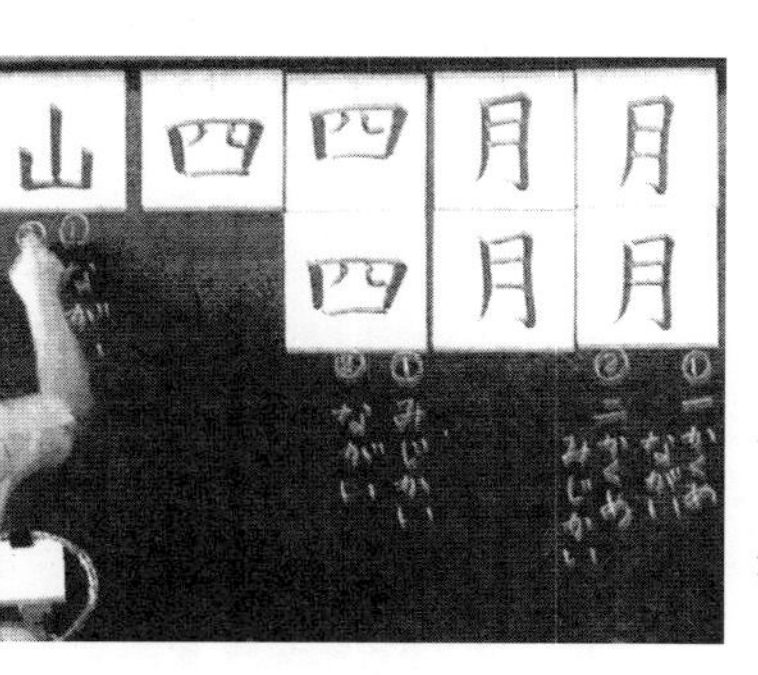

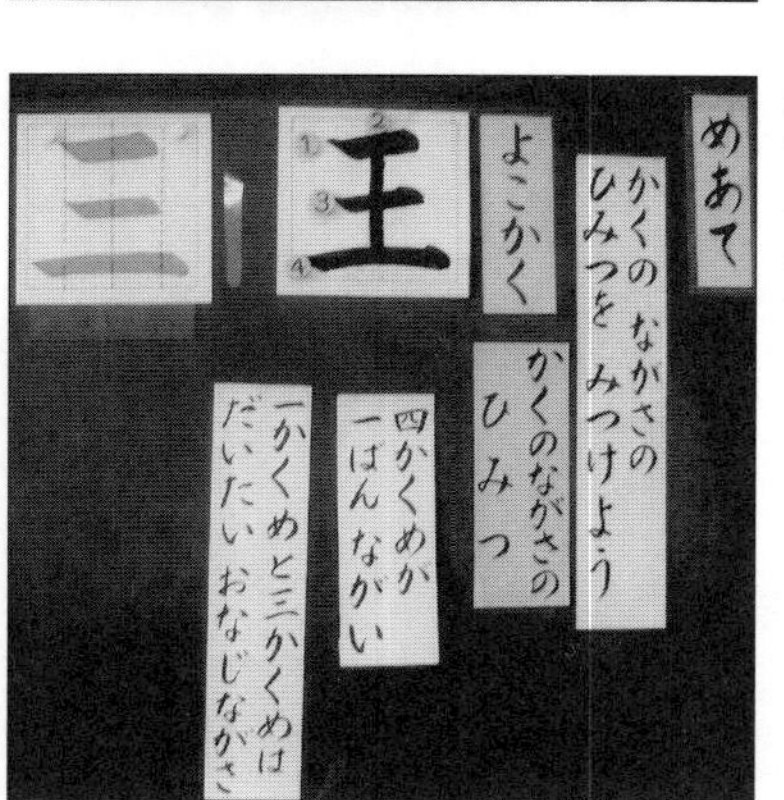

7 **中、高学年の指導上のポイント及びアイディア**

①硬筆だけでは意識しにくいところを毛筆で大きく書くことにより一層効果的な指導ができるといえる。

②分解文字を操作し、一番長く書く画に色をぬったり、学習カードに示した教材文字の中から一番長く書く画を見つけて色鉛筆でなぞったりする。

長短に気をつける文字例

二　元　寒

土　士　未　末

山　出

多　名

発展的内容及び留意点

1 縦画の場合は、文字の中心部が一番長くなることが多いが、その縦画に接する画がある場合は、縦画を等間隔に分ける位置で接する。
（正　の三画め）

2 「長短」の学習は点画の「方向」の学習とも関連付けながら行うことも大切である。

3 字形構成上、主要な画は長くする。

4 許容の形

①横画相互の長短

天―天　無―無

②横画の点

戸―戸　倉―倉

③横画の長短

雨―雨　幸―幸

金丸

筆使い

部分と部分の整え方（三画以上）

画間

「画間」とは

字形を整える上で大切な要素の一つで、「画と画との間」ともいう。一般に同じ方向に並ぶ三つ以上の点画によって作られる間隔をほぼ等しくすることをいう。

指導のポイント

1 字形を整える上で重要なことは、平行と等分割に気をつけることである。

2 斜画や放射状の点画の場合も、等分割すると字形が整う。

氷　形

3 **低学年及び入門期の指導のアイディア**

①「画間」に注意をすることの意義を理解できるようにする。

ア、日常使ったり目にしたりしているもので、等間隔のものを出し合う。

- ●うんてい
- ●ウサギ小屋やサッカーゴールのネット
- ●校庭のフェンスや屋上の柵
- ●鍵盤ハーモニカの白鍵

※等間隔でないと不都合が生じる

←

◎文字も等間隔でないと読みにくくなる

イ、実際に何人かで並んで等間隔を体感できるようにする。

4 **中、高学年の指導上のポイント及びアイディア**

ア、分解文字を組み立てる。　月　自由

イ、縦画と横画を色ペン等を使って書き、それぞれの画間に注目するようにする。　車

ウ、正しい画間の文字とそうでない文字をまぜて示し、クイズ形式で正しい文字を見つけられるような工夫をする。

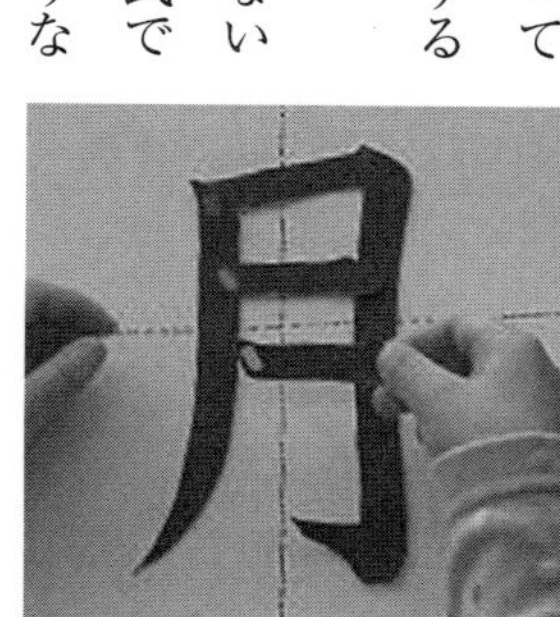

硬筆

ア、何種類かの練習用紙で、画間に気をつけて書けるようにする。

毛筆

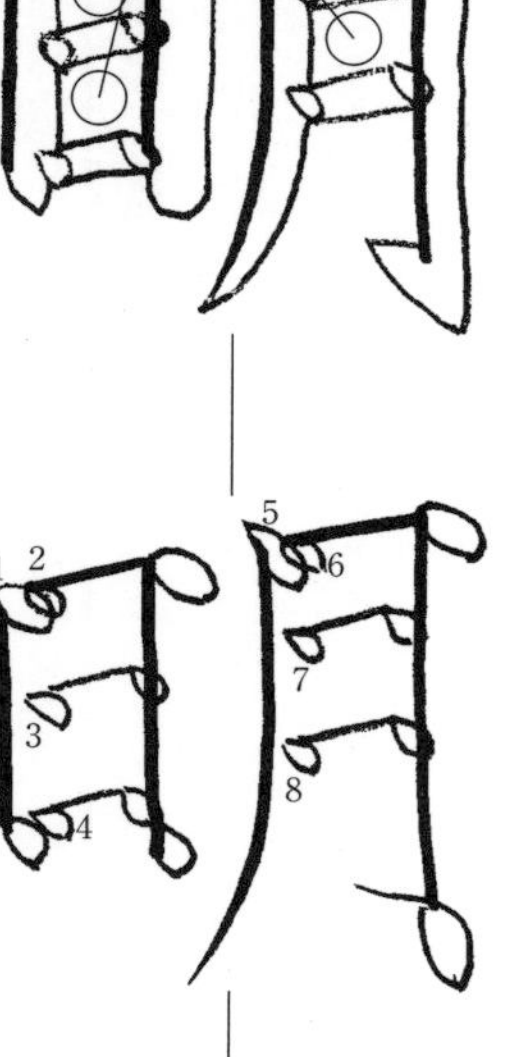

「画間」に気をつける文字例

1 横画と横画との間

自　青　書

2 縦画と縦画との間

山　川　曲

3 斜画と斜画との間

場　家　参

4 点と点との間

黒　馬　無

5 点と画との間

心　学　海

6 放射状の画の間

木　米　来

7 その他

小　雨　正

発展的内容及び留意点

1 画と画との間に気をつけて文字を書く際、接し方、交わり方、方向などにも注意しなければならない。それらが相互に関連し合って正しく整った文字になるということも理解できるようにする。

金丸

筆使い

部分と部分の整え方（二画以上）

接し方

よ

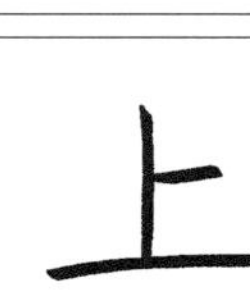
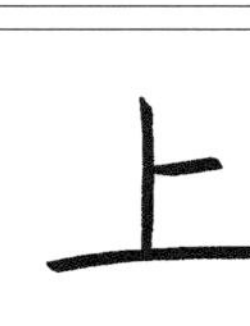
上

「接し方」とは

字形を整える上で大切な要素の一つであり「つけ方」ともいう。一文字中の点画と点画とがどのように接しているかということと、さらに広義で点画が接しているか離れているか、ということを意味することもある。

指導のポイント

1 接するべき部分が離れたり、突き出して交わったりすると誤字や別字になる場合があるため、接し方の原理・原則についてしっかりと理解ができるようにする。

2 硬筆だけでは小さくて理解されにくいところを毛筆で大きく書くことにより一層効果的な指導ができる場合もある。

3 **低学年及び入門期の指導のアイディア**

①「接し方」の意味を理解できるようにする。

ア、自分の指と指をくつけてみる。

イ、クレヨンや色鉛筆を使って、接し方の学習をする。

（接する部分がわかるように色別の画にするなど工夫をする。）

4 **中、高学年の指導上のポイント及びアイディア**

①毛筆による接し方には、筆の圧力や角度によって様々な太さが生じるため、浅い深いの二種類があることを理解する。

ア、浅い接し方

・横画に縦画や斜めの画の始筆が接する　下　石

・左払いに、縦画や横画の始筆が接する　友　イ

イ、深い接し方

・縦画に横画の始筆が接する　日

・縦画の終筆に横画が接する　正

（この場合、縦画の終筆は軽くとめるようにする。）

②分解文字を操作する。

一画目→赤　二画目→青　三画目→黄色というように色別分解文

字を使うとさらに理解が深まる。

「接し方」に気をつける文字例

・ヒ（七）　土（十一）　ス（ヌ）　万（方）　水（木）　エ（土）
刀（カ）

1 先に書いた画が出る。

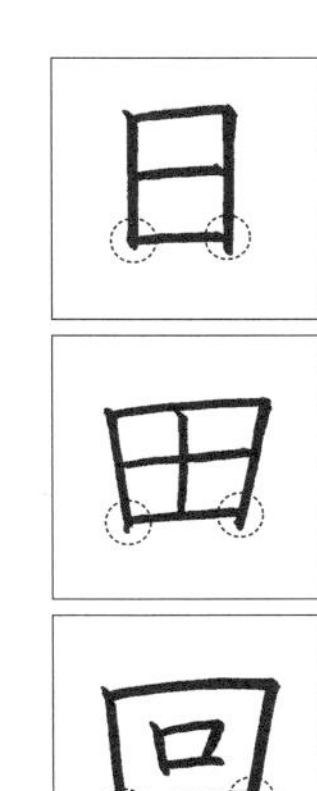

2 例外（後から書いた画を外に出して書く。）

3 斜めの点は下の横画に接しない。

4 許容の形（点をつけるか、斜めにする例：下が許容）

主－主　字－字　社－社

発展的内容及び留意点

1 始筆と始筆との接し方では、原則は先に書いた始筆を少し出す。この原則を守らないと、字形がくずれ、読みにくくなってしまう。この接し方から、筆順の正誤を判断することができる場合もある。

2 優先する画が決まっているものは、中学校で学習する行書へと発展していくので、しっかりと押さえるようにする。

口　口　日　日

3 接する位置は、画と画との間にも関わり、字形が整わなくなる原因ともなるため、合わせて指導するようにする。

4 「口」の接し方が、縦画と横画がたがいちがいになるのに対して、「日」は二つの縦画があるように接する。「日」のように囲まれた空間に横画またはそれに類する画や部分が入る場合はそうなり、「口」や「中」のように入らない場合はたがいちがいになるのである。

（上段**1** **2**参照）

金丸

筆使い

部分と部分の整え方（二画以上）

交わり方

「交わり方」とは

字形を整える上で大切な要素の一つ。一文字中の点画と点画とがどのような状態で交わっているかということ。

指導のポイント

1 画と画とがどの位置で、どのような方向（角度）で交わっているのかを考えて書くことは、字形を整える上で重要なことである。

2 画の交わり方のいろいろ

・点画どうしがほぼ直角に交わる　＋（土）　×（文）
・角度の違う交わり　右　身
・横画のほぼ中心で交わる（二等分する）木　米　大　代
・縦画を横画がほぼ三等分する　曲　構　用
・横画の中心より右側で交わる　林　秋　成　式

3 低学年及び入門期の指導のアイディア

①「交わり方」の意味を理解できるようにする。

ア、自分の指と指を交差させてみる
イ、並んだり、大なわを使ったりして、いろいろな交わり方を体験する。
ウ、粘土やモールなどを使って交わる画をつくる。

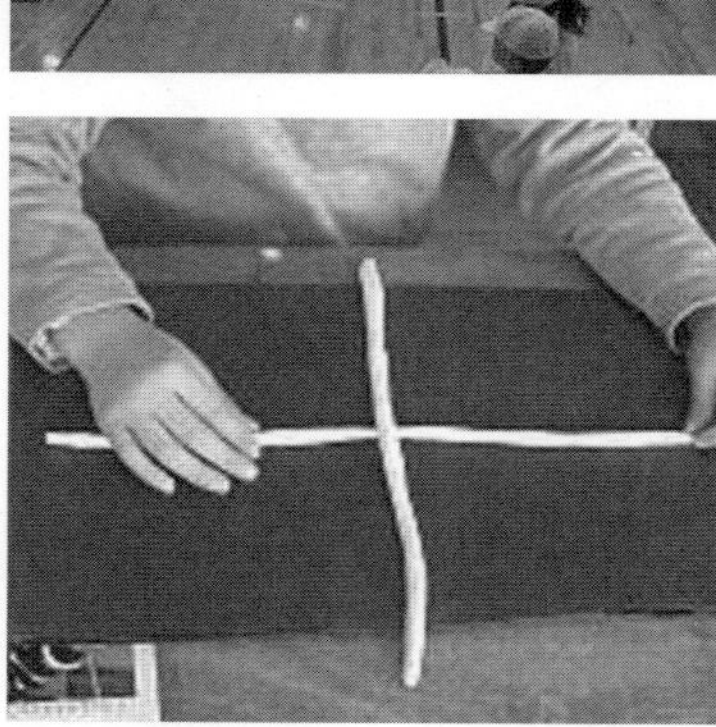
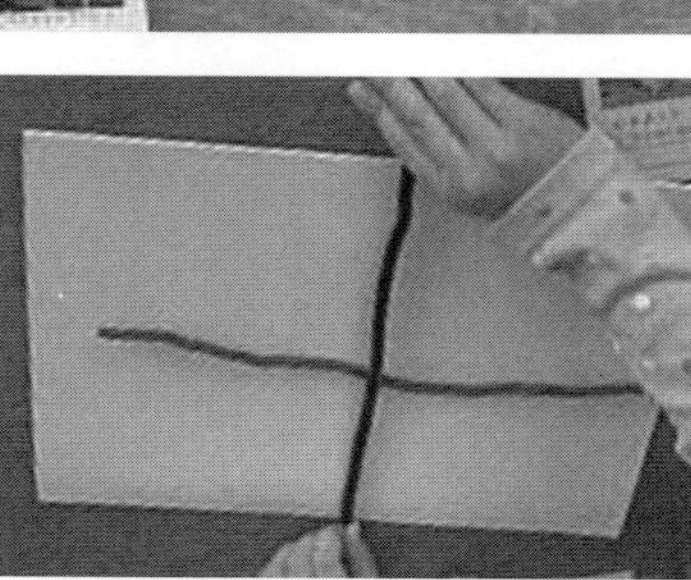

4 中、高学年の指導上のポイント及びアイディア

①硬筆だけでは理解されにくいところを毛筆で大きく書くことにより一層効果的な指導ができる。
・交わる位置に気をつけて書くようにする。
・交わる方向に気をつけて書くようにする。
・文字の中心を考えて書くようにする。

②ＴＰシートに書いた木へんとつくりの「木」をオーバーヘッドプロジェクタ（ＯＨＰ）で重ねて示し、縦画が交わる位置を確認できるようにする。

「交わり方」に気をつける文字例

交わらないと別字になる
牛
午
土
工
横画のほぼ中心で交わる
半
早
縦画が横画をほぼ三等分する
共
寒
中心で交わり左右の払いの方向に注意する
英
冬

発展的内容及び留意点

1 基本的には、点と画・画と画とが等分されて交わるようにする。

2 文字が、漢字の部分として用いられるようになると、交わり方が変化することもある。

- 右よりになる例　木→林　土→地
- 等分される例　七→切
- 変化しない　才→材　寸→村

3 交わり方には、点画の長短、画と画との間、方向などが関わり合うため、あわせて指導することが大切である。

- 長短→柱・料　（長い　短い）柱　料
- 画間→典　典　書
- 方向→交　交　文（交わる位置にも注意）

金丸

組立て方 1

漢字の組立て方の学習は、学習指導要領の上では中学年以上の指導事項となっており、低学年では、一字の組立て方の前の段階の点画の組立て方の学習がその中心となる。しかし低学年においても、一字の字形の整え方の学習の一環として指導することはできるので、中、高学年のようにへんとつくりの組立て方の学習のようにならないような配慮が必要である。

1 カタカナと漢字（同形、近い字形、部分も含む）

（1）同形（カタカナ→漢字）

ニ→二　エ→工　タ→夕　カ→力　ロ→口

同形となると組立て方の学習ということからややはずれるが、字種を越えて同じ形として認識し、他に共通、共有する形はどんなものがあるかという、いわば書写的字形感覚が低学年の段階から育てられることにより、中、高学年になって漢字どうし（単独、複合）の組立て方へと発展していくのである。

＊毛筆教材ではあまり考えられないことではあるが、このカタカナと漢字が同一紙面上に出てきた場合は、漢字の方をやや大きく、カタカナの方をやや小さく書くようにするとよい。

（2）カタカナと漢字の部首、部分（漢字の右上の数字が配当学年）

イ→休[1]花[1]（にんべん）何[2]作[2]体[2]夜[2]　ウ→空[1]字[1]（うかんむり）　エ→空[1]左[1]

カ→男[1]　ク→角[2]魚[2]色[2]　コ→記[2]

サ→花[1]草[1]（くさかんむり）茶[2]　シ→海[2]活[2]（さんずい）汽[2]池[2]　ソ→前[2]弟[2]（光[2]米[2]来[2]）

タ→名[1]外[2]多[2]夜[2]　チ→千[1]　ツ→学[1]図[2]　ト→外[2]

ナ→十[1]　ネ→社[2]（しめすへん）　ノ→考[2]教[2]

ハ→具[1]六[1]交[2]顔[2]谷[2]黄[2]買[2]父[2]（八[1]）　ヒ→花[1]北[2]（あいくち）　ホ→茶[2]

マ→通[2]　ム→糸[1]会[2]台[2]絵[2]広[2]公[2]強[2]室[2]雲[2]　メ→気[1]

ヨ→当[2]雪[2]曜[2]帰[2]

リ→帰[2]　レ→長[2]（食[2]）　ロ→右[1]石[1]足[1]名[1]

ワ→帰[2]売[2]読（学[1]）　ン→羽[2]弱[2]楽[2]

（オ→オ[2]　モ→毛[2]）

＊ほぼ同形と思われる関係から、点画の長短や方向が違っていたり、漢字の細部を取り上げれば関連付けることにやや無理があるものまであげたが、低学年の段階では、類似しているところや反対に違っているところを焦点化（例えば、カタカナのヒと花の部分のように、類似してはいるが、筆順や始筆の形が違っている例など）することにより、それぞれの字形の違いを一括して

認識できることもあるので、教材研究等においてこれらの組合せを理解しておくことも大切である。

(3) 一年配当の単独文字と複合文字

口→右石足名　日→音早草百（白）
目→貝見　田→男町　木→休校森村林（本）
立→音　上→正　土→赤（先）　大→犬
小→糸　力→男　夕→名　子→学字　王→玉

(4) 一年配当の単独文字と二年配当の複合文字（前項の単独文字のパターンは除く）

青→晴　生→星　火→秋　貝→買
女→姉妹数　見→親　虫→風強
竹→算答　月→晴前朝明
目→直算　石→岩　山→岩

＊前項の見出し文字と二年配当の漢字とのパターンは、文字数がかなりあるので省略し、それ以外の例を示した。

(5) 二年配当の単独文字と複合文字

鳥→鳴　里→黒野理　用→通　心→思
言→記語計読　弓→弟強引
少→歩　止→歩　米→数　寺→時
売→読

(6) 具体的な考え方（文字を組合わせて言葉にした例）

(1)の例　カンガルーのカ、ロバの口
(2)の例　社長のネコ、海のシーズン
(3)の例　大きな犬、目で見る
(4)の例　星が生まれる、女子の人数
(5)の例　山里の野鳥、弓を強く引く

長野

組立て方 2

指導のポイント

一字の整え方の学習の中心的事項であると同時に学習指導要領において中学年から高学年にかけての書写の重要な事項の一つである。その代表となるのが、左右（二つ、三つ）と上下（二つ、三つ）で、学年別配当漢字（一〇〇六字）のうち、左右が約五十四%、上下が約二十四%に分類でき、中、高学年の硬筆、毛筆による書写の学習の中核であるので、指導にあたっては、文字を大きく、あるいは硬筆の教材であっても毛筆で示すなど、わかりやすく示すことが大切である。

漢字（単独文字）と部首

口→口（くちへん）　木→木（きへん）　竹→⺮（たけかんむり）

組立て方の学習を進めるにあたって、まず漢字の部首の名称を覚えておくことが大切であり、漢字には特定の言い方がない部分が多数あるが、指導にあたってはなるべく部首で呼べるものは呼称して指導するようにしたい。

（1）左右

①　林　新　教

②　休　海　後

③　湖　側　街

特に「木」が「きへん」になる場合などを例にして組立て方の学習を行うことが多い。指導する学年によりどこまで細かく説明するかは児童の実態にも留意して行うことが大切である。

①横画の長さが短くなる。
②右はらいが「点」（四画め）になる。
③横画と縦画の交わる位置に注意する。
④短くなった横画が少し右上がりになる。

木
林

実際の学習の場面ではあまりないことではあるが、この「木」が「きへん」になる例ではなく、「木」と「林」のつくりの方の部分とを比較し、部分全体が細長くなったり、左はらいの角度に変化が起こったりしているような学習も考えられる。

※「へん」になる例

①金→銀　②王→現　③糸→級

※「つくり」になる例

④会→絵　⑤冬→終　⑥火→秋

④と⑤の場合のつくりの「左はらい」は、単独文字の場合よりやや角度がつくように書かないと「へん」にぶつかることになるので、高学年の指導の際はそのことにも触れることも考えられる。

発展的内容及び留意点

※「へん」の最終画が横画の場合は、その終筆を払うようにする。

王　土　里　舟　女　牛　扌

※三つの部分からなる文字で、まん中の部分の最終画がよこ画の場合も同様である。

圭　重　壴

※単独文字やそれに近い字形で、部分となった時に字形が変化（欠画）する場合の例

食→飠　良→良

（2）上下

音　雪　委

花　字　童

草　急　意

上下の組立て方の学習は、左右の場合とやや違い、特に字形に大きな変化が起こるのではなく、単独文字や部分を偏平にすることが整え方のポイントになる。

※上、下の部分になる例

田→男　日→音　白→習

発展的内容及び留意点

※左右のはらいが上下の組立て方の文字にある場合は、単独文字の場合より角度が左右に、より開くようにするとよい。

木→集　大→美　衣→製　大→器

長野

組立て方 3

指導のポイント

中学年、高学年において、組立て方の少し複雑な、また小学校段階とすれば、グレイドの高い内容を持つ学習の一つである。左右や上下の組立て方に比べると結果的に画数が多くなったり、筆順などにも留意したりしなければならない文字例もあるので、児童の実態等に留意し、あまり複雑な文字例を取り上げない、わかりやすい指導を心掛けたい。

漢字（単独文字）と部首

部首がはっきりといえない文字（例えば、「努」の文字の部首）もあるので、この場合は、実際の指導にあたっては、単独文字に相当する部分は単独文字の読み方をいって指導するしかできないこともある。

（1）三つの部分

① 品

② 習　整　努

③ 賀　質　覧

※左右、上下の三つの部分の例に関しては、それぞれ左右、上下のページ（四十四～四十五ページ）に示した。

（2）内　外

この例に分類できる文字数は、配当漢字の中での割合からいえばそれほど多くはない。左に示すように、一般的な形として七つに分類した。

① 国　回　固　団

② 内　南　間　同

③ 画　歯

④ 区　医

⑤ 原　広　病　産

⑥ 遠　建　直　処

⑦ 気　司　可　句

指導のポイント

三つの部分・内外

①中、高学年の硬筆の学習として、さまざまに分類した観点（図形等）と文字例が示される場合が多いが、（1）の②の「習」や③の「賀」の場合で三つの部分というより、それぞれ下の部分の「白」や「貝」の幅を上の部分と同じ幅にならないように、ポイントをしぼって指導する。

②内外の組立ては七つに分類したが、それぞれに分類した文字を覚えたり、新しく学習した漢字をそれぞれに分けたりすることがこの学習の意味ではないので、書いた文字が整っているかいないかの状態を検討する視点として活用することが望ましい。

③多くの文字を取り上げるのではなく、代表的な文字を一つか二つ上げて、それらを丁寧に指導することが大切である。例えば、漢字ノート等のマスを大きく使用して、比較的太く書けるサインペンなどを使用する方法もよい。

習 → 習

④毛筆を使用して行う場合も、右③の、大きく示して字形を丁寧に見て整える方法を発見するような学習ならば、効果的な指導が期待できると考える。

発展的内容及び留意点

内外の組立て方に分類できる文字を書く際、筆順に留意しなければならない文字がいくつかある。例としてあげた、④と⑥などがそれにあたる。特に⑥については、左に示すように「にょう」の部首でも筆順が違うので、指導にあたっては、二つを比較するなどして取り上げて行うことが大切である。

①中を先に書く

2 1

遠　近　道　建

②「にょう」を先に書く

1 2

処　題　起（越）

※なぜ筆順が違うのか明確な根拠は不明だが、書写する際に、横幅の広くなる部分を先に書く方が、字が整いやすいと考えられる。

したがって、「遠」は先に書く部分が字全体の幅を決定し、「題」はだいにょうの幅の方を先に書く方が、整いやすいと先人が考えたからではないだろうか。

ア 遠

イ 題

長野

文字の概形

文字の周囲の外接部をつないで、簡単な図形に当てはめ、文字の大体の形を理解させる方法を概形（外形）指導といい、その簡単な図形（丸、三角、四角等）を基本的な形として、主に字形の導入期に行われる指導法の一つである。

指導のポイント

1 字形指導の導入方法として有効な方法である。

2 図形のパターンとしては、児童の発達段階（図形の理解度や算数等における既習事項であるかどうかなど）等を配慮することが大切である。

3 児童が書写する過程において活用するか、書いた文字に対して学習材と比較するなどの結果において活用するのか、当該時間のねらいに沿って活用する場面を考える必要がある。

4 図形のパターンに当てはまる文字数自体は少ないという視点に立って指導することが大切である。

5 図形のパターン（下図）に合う文字を上げて、分類することが目的の学習ではない。

6 漢字の場合、外形をなぞるような文字（例えば「くにがまえ」のある漢字）などと、字形の中で一、二画が長くなる文字とが図形パターンに当てはまる場合が多い。

7 平仮名や片仮名のように線や画数が少ない構造を持っている文字は、結果として図形パターンの類型に当てはまりやすい。

概形（外形）によく使われる図形パターンとそれに該当する文字例

円形	五角形	菱形	逆三角形	三角形	横長方形	縦長方形	四角
海	六	十	丁	土	四	目	国
茶	士	会	方	丸	工	員	門
術	芸	委	寸	黒	心	月	顔
あ	ろ	か	す	え	い	も	け
ホ	モ	サ	ワ	ハ	ユ	ミ	オ

この図形の他に、例えば六角形、縦のだ円形などが考えられるが、この学習は、文字を書く際のめあてや書いた後の検証の際の物指しとして活用するのであって、図形パターンの種類を増やしたり、その図形パターンに当てはまる文字を分類したりすることが目的なのではない。何のための指導法かについて、十分に留意する必要がある。

指導のポイント

中、高学年

中学年の毛筆学習の際などに、学習のねらいは筆使いを中心とした基本的な指導であるにもかかわらず、概形などの字形指導に置き換えてしまうことのないようにしなければならない。ただ、毛筆の入門期において線や画の数の少ない文字、特に平仮名や片仮名の文字指導の場合などは、筆使いの学習イコール字形の学習となる場合（左欄）が多いので、概形指導が結果として有効に機能することがある。

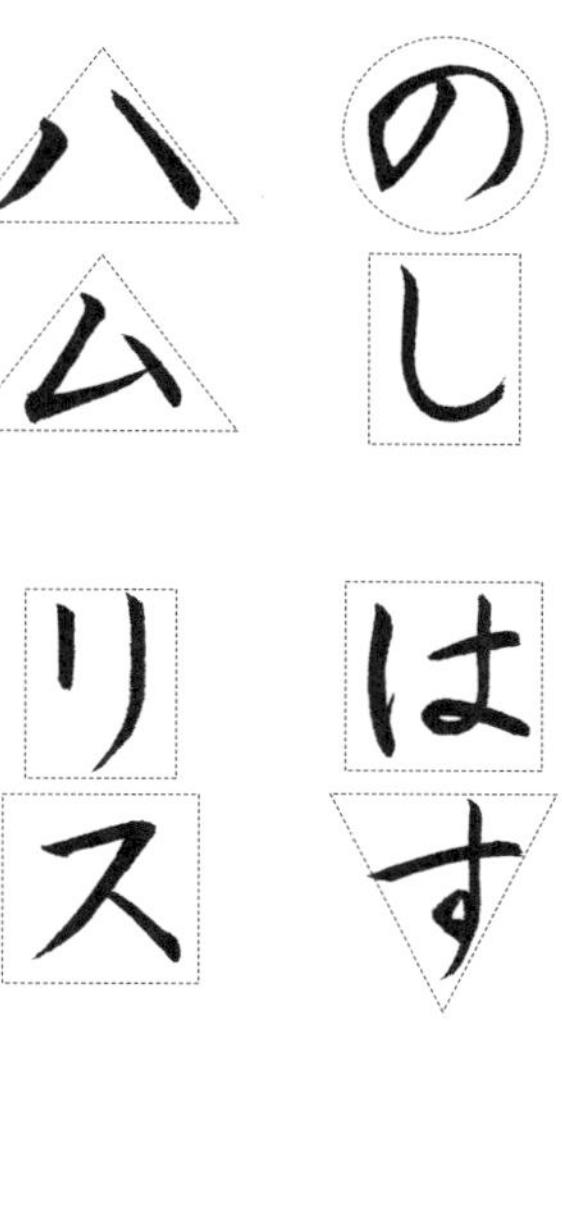

中、高学年の硬筆の指導において、概形指導が有効となる場合は、比較的少ない。それは、これらの学年になると、漢字の場合は画数の多い文字が教材文字に取り上げられることが多くなり、結果として図形パターンに当てはまる文字が少なくなることと関連しているからである。

ただ、左右の組立て方からなる漢字が四角か丸になることが多いのに対して、上下の組立て方からなる漢字の方はいろいろな図形パターンになることが多い。

また、一般的には概形と外形とは同じ意味で使用されているが、中、高学年になると、字形を整える視点として文字の外側を補助線で囲むことがある。その場合、外側に補助線を引いたら図形パターンになったのであって、はじめから図形パターンを意識して行う指導とは自ら違うということからいうと、図形パターンが最初からありきが概形指導であり、文字の外側の補助線が結果としてある図形に近くなったというような場合を外形指導というように、おおむねの図形を意識する概形と、結果としての外形とを区別するという考え方もある。

概形

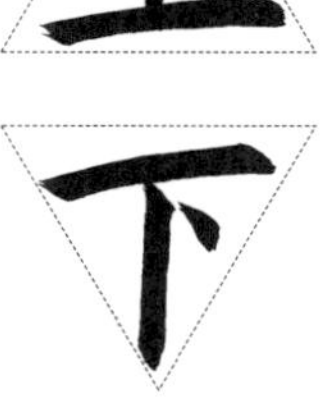

外形

概形も含めた漢字の字形の構造上からの示し方として、次のような方法がある。

寺　都　整　銀

①　①　①　①

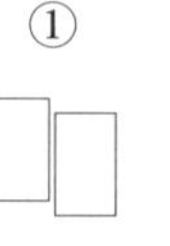
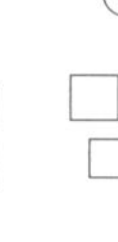

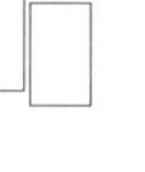

②　②　②　②

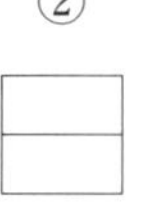

③　③　③　③

長野

文字の中心 1

「中心」とは、一般的には文字の縦の中心を意味するが、横罫用紙に横書きをした際に文字の一つひとつの横の中心という意味ではなく、それらが並んだ状態で「横の中心をそろえる」というような言い方もする。

指導のポイント

概形（外形）指導が文字の外側からのアプローチであるのに対して、中心の指導は文字の内側からの視点を与え、中心線から字形を見て整える方法である。したがって、概形（外形）指導とは対極的な位置にある指導である。

字形の整え方の指導の際に、当該の文字（教材）に対してさまざまな補助線や中心線を示して行うことがあるが、それらの一本一本の線は、概形（外形）指導をはじめとする外側からの視点なのか、中心線をはじめとする内側からの視点なのかを理解し、当該授業のねらいに沿った示し方を行うべきである。

例えば、下に示したように、空いた余白に○や斜線を入れることがあるが、それらは文字の内側からのアプローチ、いわば内的視点である。このような、字形を整えるための補助線、中心線、余白等はある程度示し方を統一して、それらを示すことが文字の外側からの視点か、内側からの視点なのか、内容を児童が理解できるようにするとよい。

▼補助線や余白の示し方の種類

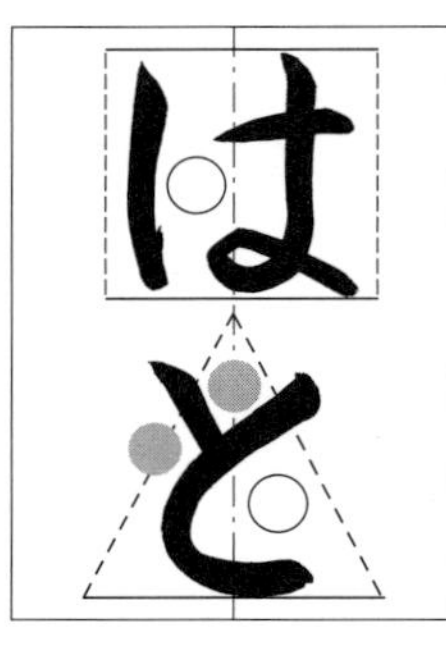

①——（実線）
②- - - -（点線）
③—・—・—（一点さ線）
④○（余白Ⅰ）
⑤●（余白Ⅱ）

低学年の字形指導の導入期などにおいては、桝の中に文字を書くことによって、より中心線等が理解しやすくなることもある。桝や、その四角を十字に分解して書き出しの位置を理解することにより、結果的に字形が整うというような方法も有効な方法の一つである。

①
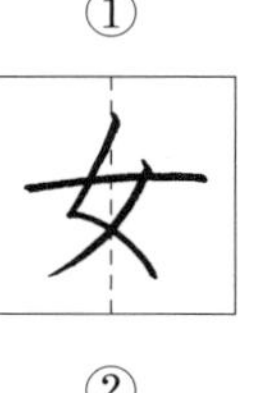

②
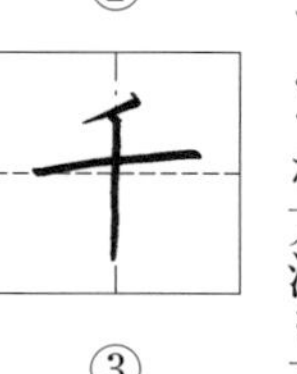

③
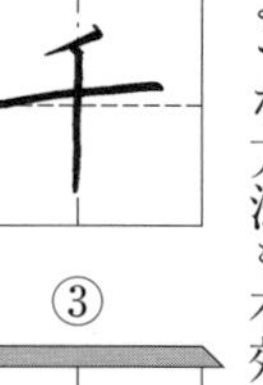

④
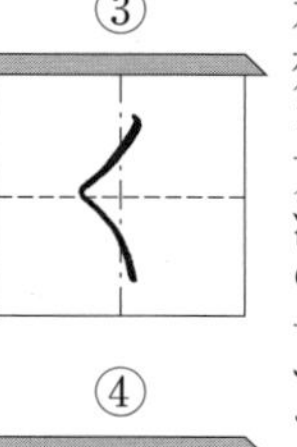

この方法は、概形（外形）指導とは違っていわば字形の内側からの指導であり、低学年の字形指導が概形（外形）指導中心になる傾向もあるので、この「中心」の指導を加えることにより、学習のねらいに沿って両方の指導を効果的に行うことが大切である。

指導のポイント　中、高学年

漢字の字形には、「中」や「国」のように、中心線が中心の軸となり線対称の構造に近い文字（①、②）と、「人」や「駅」のように、中心線が必ずしも図形上の中心と重ならない文字（③、④）がある。

したがって、中、高学年の字形指導の際に中心線を示して行う場合は、左右の補助線を示さず中心線のみで右に広がる構造になることを自然と理解するような方法をとることがある。

※低学年ではマスの中に文字を書く際に、大きく、マスいっぱいにという指導はよく見られるし、教科書教材における文字も比較的大きめに示してある。これに対して、中、高学年の場合は、マスの中の文字もわずかに小さくなったり、縦罫の学習が多くなりその幅に合わせて文字がやや小さくなる。それは、文字の中心と行の中心をそろえながら右広がりの字形が罫の中にバランスよく整うように書くことが求められているあかしである。したがって、行の中心に文字を縦に並べて整えて書くということは、必然的に行の幅いっぱいに文字を書かないということになるのである。

字形指導と一字の中心との関わりで示される例

1 文字の中心と始筆が重なる例

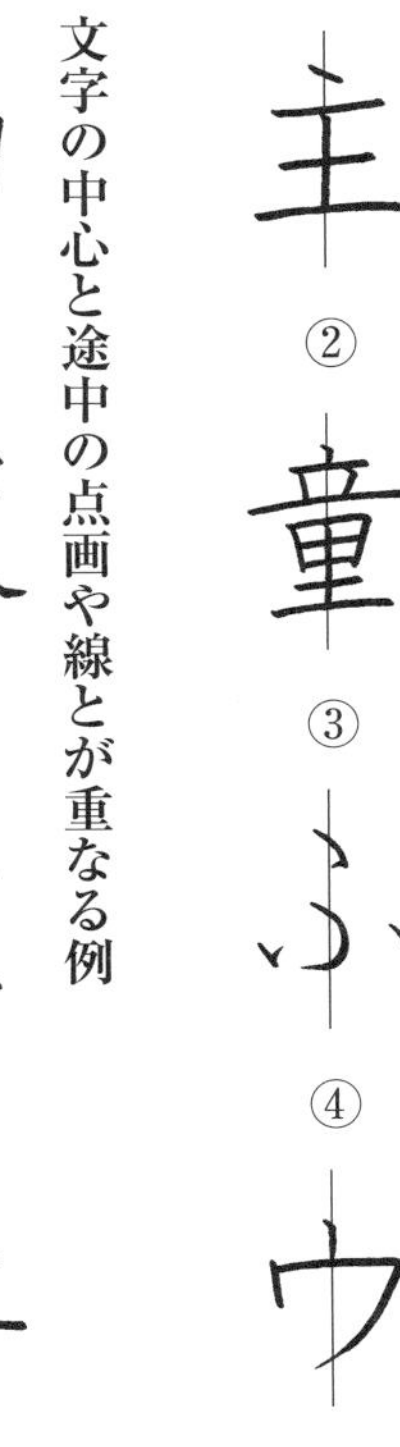

2 文字の中心と途中の点画や線とが重なる例

① 由 ② 求 ③ よ ④ エ

3 文字の中心と点画や線は重ならないが、横の画や線を横断することにより中心が理解され、整え方のヒントになる例

① 回 ② 曲 ③ こ ④ ラ

4 文字の中心と点画や線が接することにより整え方のヒントになる例

5 文字の中心と点画や線が交わることにより整え方のヒントになる例

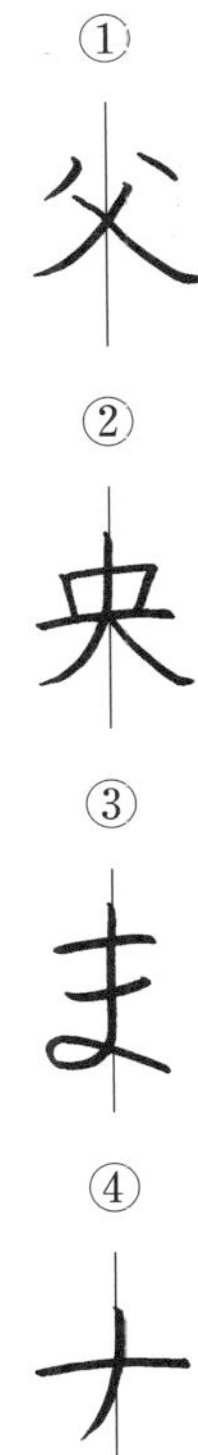

6 文字の中心と左右の組立て方からなる文字（漢字）構造が重なったり、左右を分ける目安が中心線となったりして、そのことが整えるヒントになる例

※漢字の場合は画数が多くなり字形が複雑になる文字でも、中心線を入れることが整えて書くヒントになる場合が多いので、学習のねらいに沿っているならば、中心を示すことは有効な手段であるということをよく理解しておくことが大切である。

長野

文字の中心 2

文字の縦の中心（前項）に加え、文字の中心と行の中心や横書きになった時の文字の横の中心（横書きの中心）も中心の学習内容として含まれる。

指導のポイント

1 縦書き（縦罫）

小学校の字形指導は、ある一定の桝で一字一字指導する場合（低学年中心）と縦書きの多字数でする場合とがあるが、前者の場合と後者の場合とでは、平仮名の「し」という字に象徴されるように、字形そのものも変わってくることがある。（左図）

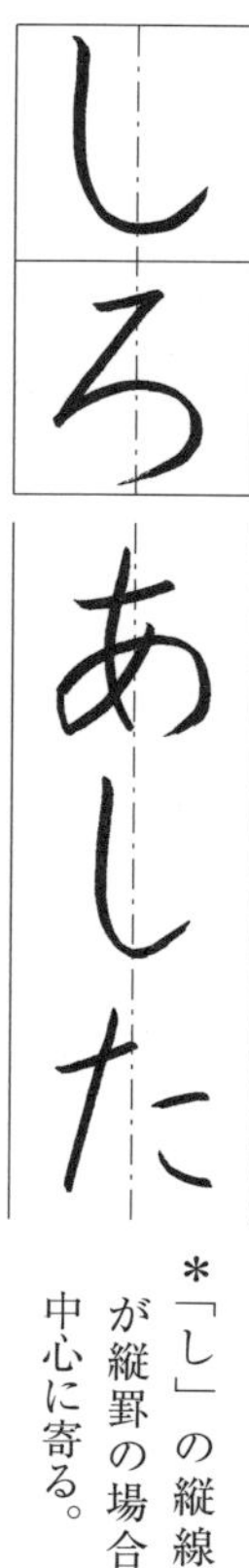

＊「し」の縦線が縦罫の場合中心に寄る。

このことは、多字数になった場合は、文字の中心と行の中心が重なることにより全体が整って見え、読みやすくなることのあかしといえよう。

これは、前ページで述べた、行の幅に対していっぱいに書かないことと共通する考え方ではあるが、低学年から中、高学年に進むにしたがって、縦罫の幅いっぱいに文字を大きく書かないようにとも言えず大変微妙な問題ではある。その場合文字の大きさの指導（一般的には漢字は大きく仮名は小さめ）などと連動して文字感覚、中心感覚を育成することが大切である。

■文字の大小と合わせて示した例

■縦罫の書式の中にさらに補助線を入れて示した例

サッカーを観戦した。

※補助線（点線）を入れることにより、結果として行の幅いっぱいに書けないようにはどめをした例

■縦罫の書式としては、右側の罫線に右払いや「そり」や「まがり」の終筆が近づきすぎない大きさで書くと整って見える例

紙風船を作った。

※手紙などの比較的幅が狭い実用書式（五十九ページ参照）や中・高学年において原稿用紙に書く場合などでは、右に広がる文字は右の罫線に触れてよいことを告げておくことも、指導の際には必要なこともある。

2 横書き（横罫）

マスの中に一字一字書くような場合は、文字の横の中心ということはないが、複数の文字を横書き（横罫）にした場合に、横の中心、横書きの中心ということはある。

その際、罫の幅の中心線を入れる場合と、書かれた文字の中心に補助線を入れる場合などがある。

①罫の中心に中心線を入れた場合（文字の中心を合わせる）

②罫の中心に中心線を入れるが、文字を下にそろえるために文字の中心と罫の中心とは、ずれている場合

③罫の中心にこだわらず、書かれた文字の中心に中心線を入れた場合

※横書きの場合は横罫の真ん中に文字を書くことより、少し上部をあけて書く習慣もあるので、③のケースも考えられるのである。

3 中、高学年の指導のポイント及びアイディア

毛筆書写の指導の際に、字形を整えるヒントとして、中心線が示される場合がよくある。

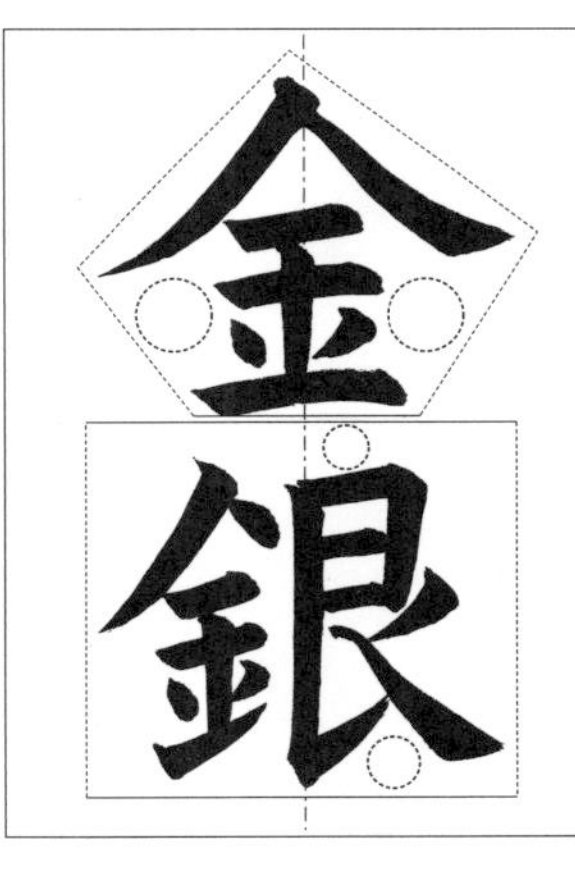

その際、中心線はあらゆる角度で、字形を分析できるので、この中心線を有効かつ効果的に活用して整える時のヒントを児童とともに考えることも大切なことである。

発展

具体的には、線の内容と線の種類をあらかじめ決めておくとより効果的な指導につながるので、児童の発達段階とも合わせて方法を工夫することが大切である。

※中心線や補助線、余白の示し方の例

・中心線（－・－・－）　・概形の線（－－－－）
・上下の線（――――）・余白（○と●）

※線や○のかき方がその意味を表すような指導となる学習のきまりを作っておくのも大切なことである。

長野

大きさ 1

文字の大きさとは

ここでいう「文字の大きさ」とは、文字単体の大きさのことではなく、次の二つの要素が考えられる。

①漢字と漢字、かなとかな、漢字とかなのつり合い

②用紙、ます目、罫紙の幅と文字とのつり合い

それらから生じる**相対的な文字の大小**のことをいう。硬筆における「配列」、毛筆における「字配り」を整えて書くための重要な要素である。

ここでは、まず①について述べる。

指導のポイント（大原則）

文字の大きさに関して、まず理解しておくべき大原則として、

1 漢字は大きめ、かなは小さめに書く。（漢字仮名交じり文）

よく考える子

よく考える子

★かなが大きいと……読みにくいですね。

2 画数の少ない文字は小さめ、画数の多い文字は大きめに書く。（同じ文字種の場合）

自動車工場

自動車工場

★みんな同じ大きさだと……読みにくいですね。

3 かなは字形によって大きさ（幅・高さ）が変わりやすい。大まかな外形をつかんで書く。

外形として押さえる形は、細かく分類していけばいろいろあるが、ここでは大きさをつかむためにすべて四角形で統一した。

①大きな正方形　②小さな正方形　③横長長方形　④縦長長方形

の四分類である。

①　③　②　④　①　④　④　①

あ　い　の　り　サ　イ　ク　ル

また、円やだ円で示す方法もある。

文字の種類による指導のポイントとアイディア

1 ひらがなの大きさ（外形）による分類

これを教室に掲示したり、プリントして児童一人ひとりに持たせたりして、ひらがなどうしでも文字の大きさに違いがあることに気づかせて指導にあたりたい。

①
あえおかけすた
なねはひふほみ
むめやゆれわん

②
ことてにの

③
いせつぬへ

④
うきくしさそち
まもらりるろよ
を

2 かたかなの大きさ（外形）による分類

ひらがなと同様に分類してみた。児童と一緒に分類してみることも意欲化を図るための一つの手段である。

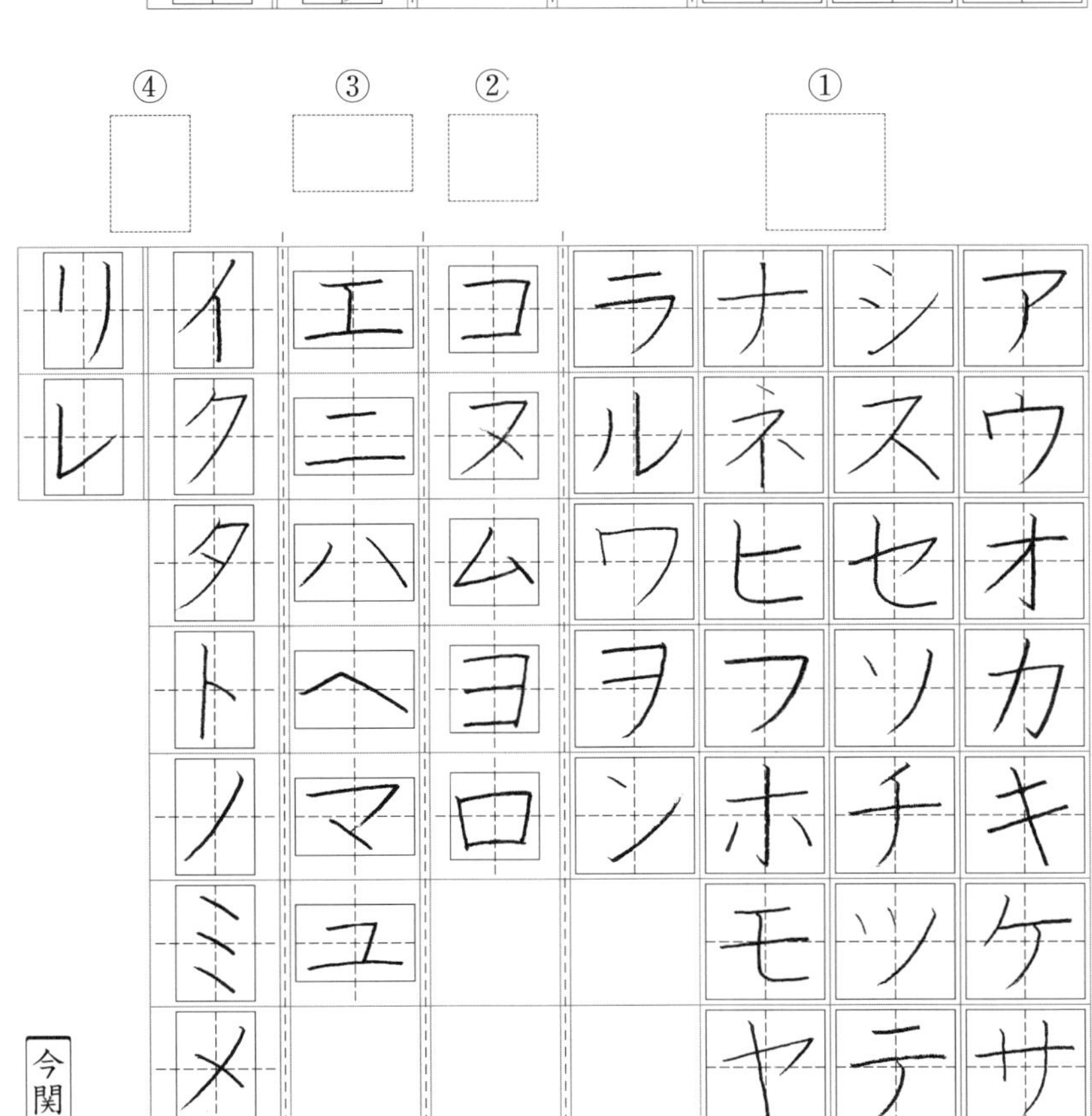

今関

大きさ 2

送る会
送る会
送る会
送る会
字配りよく
「る」は小さめに
文字や行の中心

ここでは、大きさ（1）のところで記述した②用紙、ます目、罫紙の幅と文字とのつり合い、つまり「入れ物にふさわしい文字の大きさ」について述べる。

指導のポイント（大原則）

文字の大きさに関して、まず理解しておくべき大原則として、

❶ 余白を程よくとる。

文化を伝え合う。

文化を伝え合う。

★余白がないと……読みにくいですね。

書式による指導のポイントとアイディア

❶ ます目の大きさに合わせた文字の大きさの指導

見学に行った。

（1）文字種によって余白のスペースを規制した練習シート

❷ 縦罫の幅に合わせた文字の大きさの指導

集会の計画

（1）桝目を並べた練習シート

☆縦罫の幅を広げると…

（2）余白のスペースを知らせる補助線を入れた練習シート

☆縦罫の幅を広げると…

意図的にますの大きさや縦罫の幅を変えて同じ手本で書かせることも文字の大きさを学習させる有効な方法である。

毛筆との関連

3 用紙に合わせた文字の大きさの指導

（1）半紙に2行 → 余白のあき具合に着目

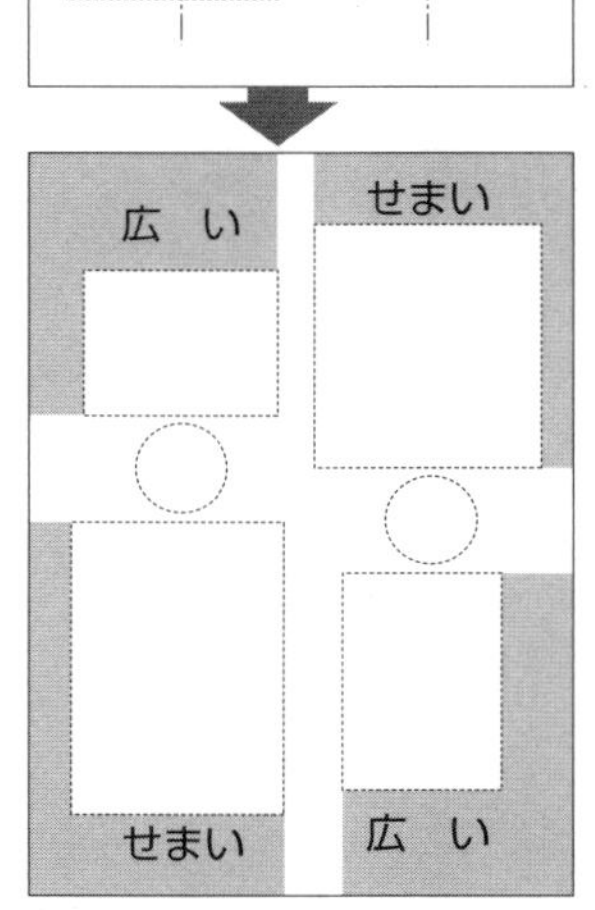

（2）書きぞめ用紙に1行 → 行の中心と余白のあき具合に着目

今関

配置・配列

（1）縦書き・中学年

配置・配列とは…

つまり、文字を上手に紙面に収めることだね！

毛筆書写における「字配り」を硬筆では「配置」という。つまり「文字を用紙の中にどのように置くか（＝書くか）」ということである。一行は「配置」、複数行にまたがる場合「配列」という言い方が一般的である。

指導のポイント

中学年では、

①**文字の大小に注意して書く。**→漢字はやや大きめに、ひらがなはやや小さめに書くという大原則を理解する。

②**字間のあけ方に注意して書く。**→詰め過ぎず、あけ過ぎず、一定のあき具合（＝見やすいあき具合）になるように気をつける。

③**文字や行の中心をそろえて書く。**→中心が取りやすい文字と取りにくい文字を取り出して行の中心に重ねることを理解する。

が指導上のポイントとなる。

書式としては中学年の場合は、①**縦罫**　②**原稿用紙**　③**封筒**　に正しく書けるようにしたい。以下に、書式別に指導上のポイント及びアイディアを記す。

書式による指導のポイントとアイディア

1 縦罫（少字数）

楽しいリズム

（1）**字形と行の中心**がポイントである。それをTPシートに写し取っておき、その上に紙を敷き、下敷きとして使って練習する。

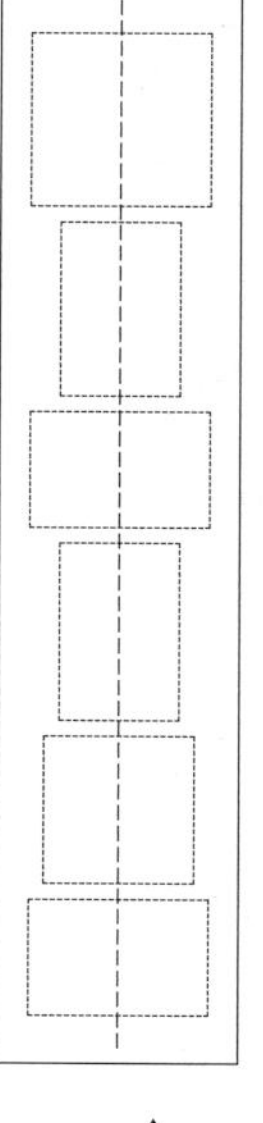

↑字形・中心把握用TPシート

（2）まとめ書きのあとに（1）のTPシートを上から重ねて自己批正の手立てとする。

（3）縦罫用紙の行の中心に薄く中心線を引いたり、「・」を打ったりして、中心を意識づける。また、竹ひご一本でも中心の意識づけになるので、効果的に活用したい。

（4）日常生活で児童がこのような縦罫に少字数を書く機会は非常に多い。教科書やテストの記名等はその最たるものである。機に乗じ折に触れ意識づけしたいものである。

三年　組

2 原稿用紙

(1) 題名は三ますあける

「めだか」より

三の二　野口しんご

(3) 一ますあけ

　春になると、小川や池の水面近くに、めだかがすがたをあらわします。めだかは、たいへん小さな魚です。体長は、三、四センチメートルにしかなりません。

(1) 一ますあける

原稿用紙は、小さなますで構成されており行間は一定にあいていることが特徴である。そこで、次のような点に留意して指導にあたりたい。

(1) **題名・学年・氏名の書き出しの位置**に気をつける。

(2) **句読点やかぎかっこのつけ方、ますの中の位置**に気をつける。下図のように一ますの中を四つの小部屋に分け番号を決めておくと指導しやすい。

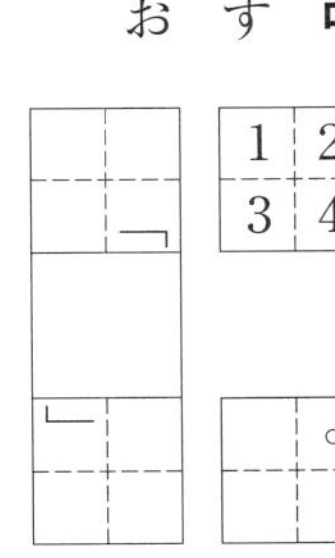

(3) 本文一行目と改行の場合、**一ます下げる**。

(4) 漢字とかなの大小をつけ、**ますめに対する大きさ**を適切にする。

めだか
大きすぎる例

めだか
小さすぎる例

3 封筒

(1) 本文の書き方

① **書き出しの一字下げ、日付や自分と相手の名前の上下の位置関係**に気をつける。

② **かなは漢字より小さめ**に書く。

③ 行の中心がとりにくい場合は、中心線の入った用紙等を下敷きとして使う方法もある。

　おばあちゃん、お元気ですか。
　わたしたちのクラスでは、むかしの遊びを調べて、楽しく遊びました。こんど春休みに、あやとりをたくさん教えてください。
　お体に気をつけてください。
　二月五日
田中ゆか
　星野礼子様

(2) 宛名の書き方

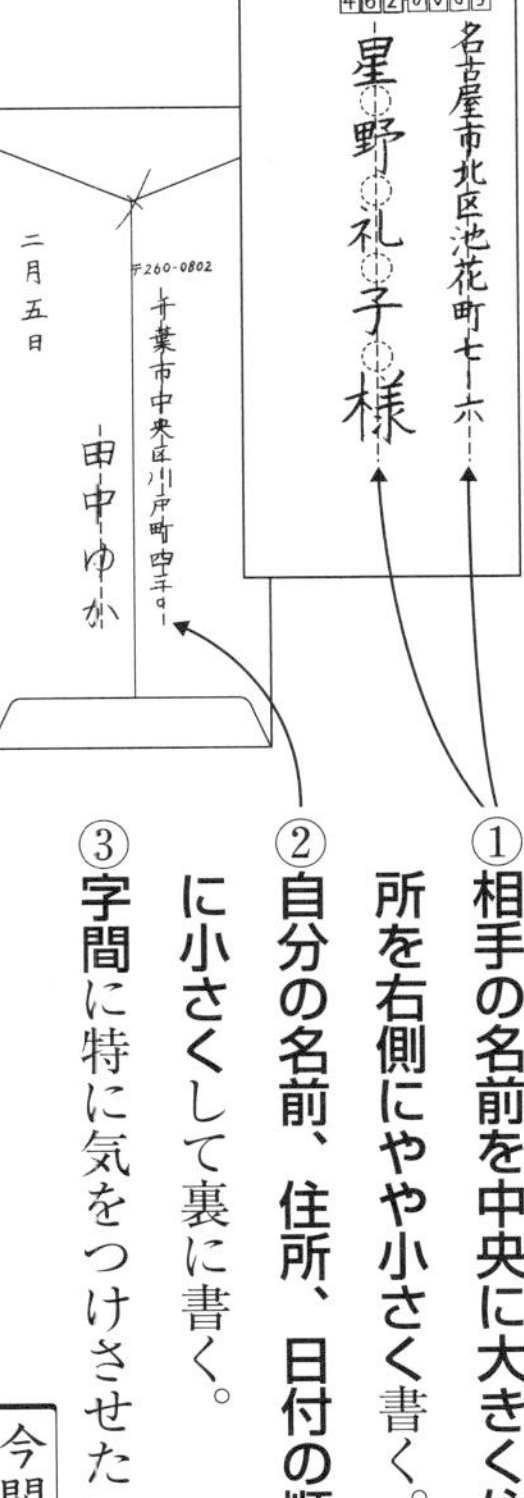

① **相手の名前を中央に大きく住所を右側にやや小さく**書く。

② **自分の名前、住所、日付の順に小さくして裏に書く**。

③ **字間**に特に気をつけさせたい。

（今関）

配置・配列

（2）縦書き・高学年

高学年になると、書く文字数が増え、それとともに文章が複数行にまたがることが多い。また、児童会や委員会、クラブ等の活動で、話し合った内容を板書したり、模造紙に書いて掲示したりする機会も増えてくる。

指導のポイント

高学年では、

①**目的に応じて文字の大小に注意して書く**。↓強調したいもの（タイトル等）は大きめに、それ以外は小さめに書くと見やすい。

②**行間のあけ方に注意して書く**。↓行の中心と行間のあき具合に気をつけ、視線がスムーズに上から下に流れるようにする。

③**書き出しの位置と行頭に注意して書く**。↓行頭は原則としてそろえると見やすいことを理解する。

が指導上のポイントとなる。

書式としては高学年の場合は、①**縦罫** ②**無罫** ③**はがき** に正しく書けるようにしたい。

また、形式としては、①**詩** ②**箇条書き** を正しく書けるようにしたい。

以下に、書式別に指導上のポイント及びアイディアを記す。

書式による指導のポイントとアイディア

1 縦罫（多字数）

○○なわとび集会の計画

一、話し合うこと

(1)集会の内容（どんな種目をやるか）

(2)必要な係とその分担

二、プログラム

(1)なわとびクラブの発表と全体演技

（1）**書き出しの位置**と**行の中心**がポイントである。それをTPシートに写し取っておき、その上に紙を敷き、下敷きとして使って練習する。

↑書き出しの位置・行の中心把握用TPシート

（2）まとめ書きのあとに（1）のTPシートを上から重ねて自己批正の手立てとする。

2 無罫（詩）

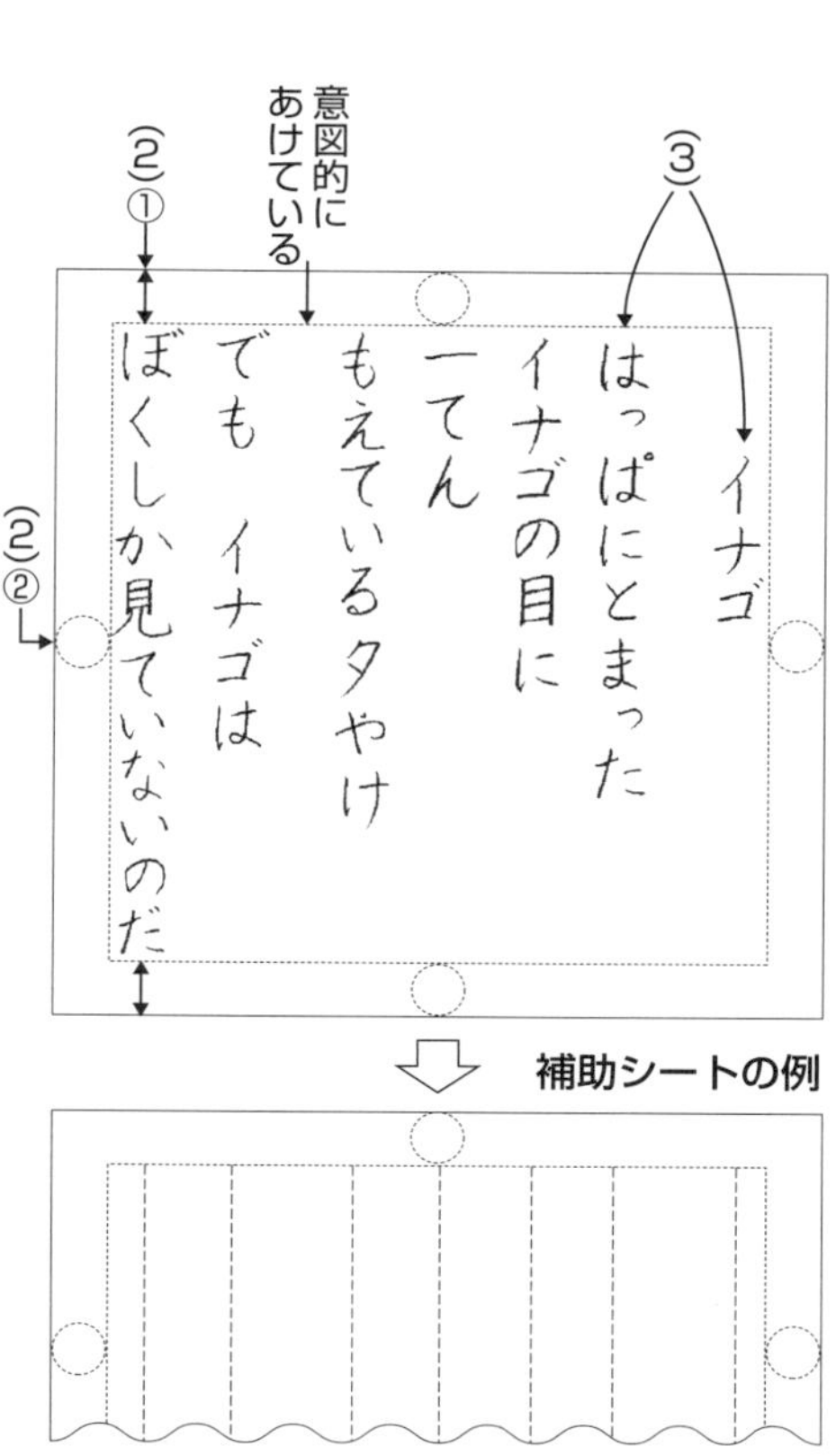

(3)
意図的にあけている
(2)①
(2)②
イナゴ
はっぱにとまった
イナゴの目に
一てん
もえている夕やけ
でも　イナゴは
ぼくしか見ていないのだ
補助シートの例

無罫紙は、位置を示す線がないので配置が乱れやすく、いきなり書くことは難しい。そこで、次のような点に留意して指導にあたりたい。

（1）行数・行の長さ・文字の大きさをあらかじめ考える。

（2）**天地左右の余白のとり方**を考える。

①**天地は、もっとも長い行をめやす**として余白を整えるとよい。

②**左右は均等にあける**ようにし、その間を行数で割ると行間が決まってくる。

いずれにしても、鉛筆で薄く中心線を引いたり、行数分だけ線を引いた補助シートを活用したりするなどして美しく書かせたい。

（3）**題名、行頭の位置**に気をつける。詩の場合、行頭をそろえて書くことが一般的である。

3 はがき

（1）**宛名の書き方**

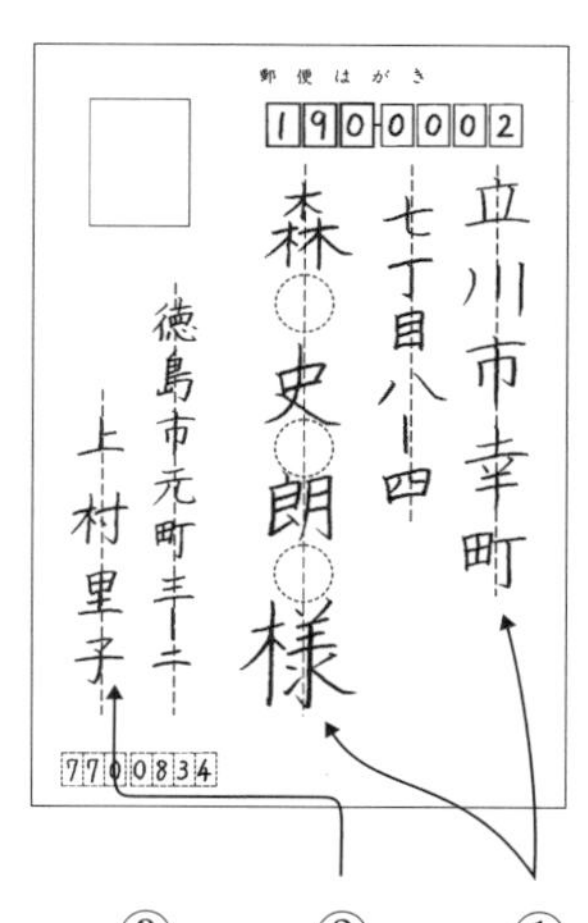

①**相手の名前を中央に大きく書く。住所を右側にやや小さく書く。**

②**自分の名前、住所の順に小さくして左下に書く。**

③**字間と行の中心**に特に気をつけさせたい。

毛筆との関連

（1）**半紙**（七十五ページ参照）

毛筆では、半紙四字書きが配列上書きやすいので、一般的である。左図のように文字の外形カードを並べてみると配列しやすい。

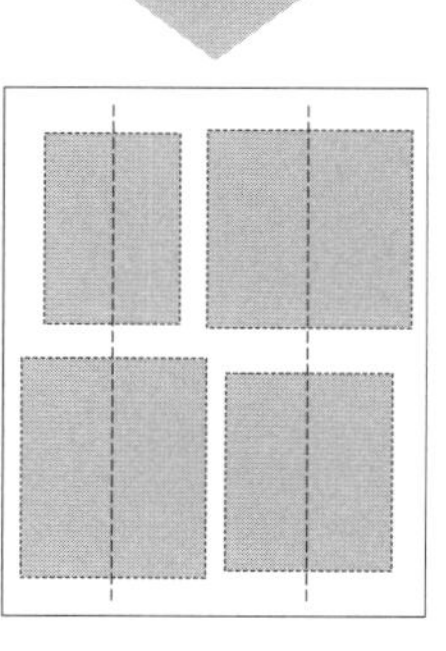

（2）**書き初め**（七十六～七十七ページ参照）

一行書きが多いので、特に**行の中心**と**文字の大小**に留意したい。

今関

配置・配列

（3）横書き・中学年

横書きと縦書きのちがいは？

社会生活の中では、圧倒的に横書きが増え、学校生活の中でも、縦書きは実は「国語」だけで、他の教科はすべて横書きである。そこで、書写においても学習の日常化という観点から横書きを指導することはとても大切なことである。

ところで、横書きは縦書きとどのようにちがうのだろうか。縦に書いていたものをそのまま横に書くということだけのようであるが、実は次の二点で大きなちがいがある。

（1）縦罫では、文字を罫の中心に書くが、横罫では **①罫の中心に書く書き方** と **②罫の下線にそろえて書く書き方** がある。中学年では、後者のほうが一般的で書きやすい。

（2）横罫では、アラビア数字で書く時、一般的に **①直立させて書く書き方** と **②年月日を書く場合や金額を表す場合など、その数字のみを斜体にして書く書き方** がある。前者のほうが一般的である。

(1) ①中心に書く

身のまわりの自然

(1) ②下線にそろえて書く

身のまわりの自然

(2) ①直立させて書く

・3月24日（火）

(2) ②斜体にして書く

・3月24日（火）

指導のポイント

中学年では、

① **文字の大小に注意して書く。**→漢字はやや大きめに、ひらがなはやや小さめに書くという大原則は横書きでも当てはまることを理解する。

② **字間のあけ方に注意して書く。**→詰め過ぎず、あけ過ぎず、一定のあき具合（＝見やすいあき具合）になるように気をつける。

③ **下線にそろえて書く。**→下線ぴったりそろえるのではなく、少し間隔をとってそろえることを理解する。

が指導上のポイントとなる。

指導のポイントとアイディア

(1) **そろえる下線と書き出しの位置**をTPシートに写し取っておき、その上に紙を敷き、下敷きとして使って練習する。

〇〇〇よせ木細工について
1.〇材料となる木
〇〇うるし，さくら，けやきなどで，
〇それぞれちがう色をしている。
2.〇おもな作品
〇〇花生け，コースター，しおりなど。

TPシートの例

横書きでは読点は「，」になることにも気をつけよう！

(2) まとめ書きのあとに(1)のTPシートを上から重ねて自己批正の手立てとする。

(3) 字間のあけ方がうまくいかない児童には、**原稿用紙を横にして使用する**のも一つの練習方法である。

(4) 文字の大小がふぞろいになりがちな児童に対しては、**三本の補助線を引いた練習用紙**を用いて、その線にいっぱいに書かせるのも有効な手立てである。

文字の大小がふぞろいな例

1. 材料となる木

漢字は一番上の補助線、かなは次の補助線まで書く

1. 材料となる木

(5) タイトルは用具を換えて太くしたり、大きく書いたりするなどの工夫をすると、より見やすくなる。

タイトルは太く、大きめに

食べものたんけんたい　5はん
しょくじについて
・えいようをとらないと大きくなれない。
・大ぜいの人が，気もちをこめて作っている。

[今関]

配置・配列

（４）横書き・高学年

高学年になると、学校活動の中核として児童会活動をはじめ、いろいろな場面で文字を書く機会が増える。特に、黒板に文字を書くことや、無罫紙にサインペンや油性フェルトペン等を用いて掲示物を書く機会は多い。

指導のポイント

高学年では、

① **目的に応じて文字の大きさ、字間を変化させて書く。**↓特にタイトルや小見出しなどには配慮する。

② **行頭の位置や項目の数字の使い方を理解し、正しく使う。**↓一般的な使い方を理解し、日常でも有効に活用したい。

③ **無罫紙に自分でレイアウトして書く。**↓縦書き同様、高度な技能を伴うが、手書き文字に限らず見やすさの決め手となる。

世界の音楽さがし

6年3組 音楽グループ

世界の人々は，くらしの中で，いろいろな音楽を生み出してきた。

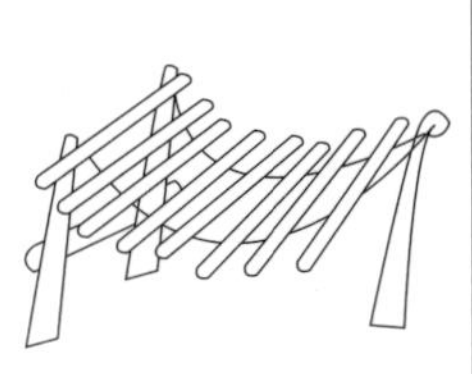

指導のポイントとアイディア

（1）目的に応じて文字の大きさ、字間を変化させて書くには？

次の順序で進めていくとよい。

① 書くスペースと文字数を確認する。

② ふさわしい筆記具を決める。

③ 文字の大きさを決め、字間を適切にしながら、鉛筆でうすくスペース取りしてみる。

④ 筆記具で書く。

①下記のスペースに7文字「6年生を送る会」

②サインペンで目立たせたい。

③一文字を ◯ くらい、字間を ◌ にしてスペース取りしてみた。

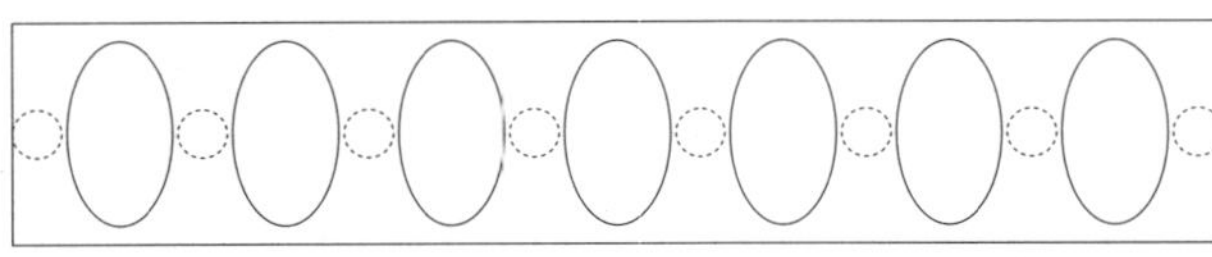

④サインペンで書く。

6年生を送る会

(2) 行頭の位置や項目の数字の使い方は？

行頭の位置は一般的には次のようになる。

①タイトルは約三文字分あける。
②書き出しは一文字分あける。
③数字の後は一文字分あける。
④項目の数字は、1.→(1)→ア.→(ア)の順で用いる。

←①→○○○○○○○○
②○○○○○○○○○○○○○○○○○○○○○○
○○○○○○○○○○○○○○○○○○○○○○○
1. ③○○○○○○○○○
(1) ○○○○○○○○○○○○○○○○○○○○
ア. ○○○○○○○○○○○○○○○○○○○

横書きのときの数字は、原則として算用数字を用いるが、次の場合は漢数字を用いる。

①慣用的な語 → 一般、二人、三日月、四面楚歌、十字路　等
②固有名詞 → 四日市、五番街、第一次世界大戦　等
③その他 → 一つめ、二月（ふたつき）、三つずつ　等

(3) 無罫紙に自分でレイアウトして書くには？

無罫紙に横書きすることは、縦書き以上に難しい。そこで、次のような点に留意して指導に当たりたい。

①文字量、用紙の大きさから、行数と文字の大きさを考える。
②天地左右の余白を考えながら、下線を鉛筆でうすく書いておく。
③ふさわしい筆記具で書いたら、下線は消す。

6年生を送る会

3月15日(火) 第1~3校時
体育館にて全学年参加

みんなで歌やゲーム，プレゼントをたくさん用意しました。
6年生のみなさんの心に残る楽しい会にしたいと思います。

代表委員会

正しい構え方・姿勢

毛筆

いすと背中の間を少し開ける。

机と体の間を少し開ける。

足を少し開く。

左手は、紙を軽くおさえる。
背中を伸ばす。
ひじをあげる。

小筆の持ち方

提腕

枕腕

筆のさばき方

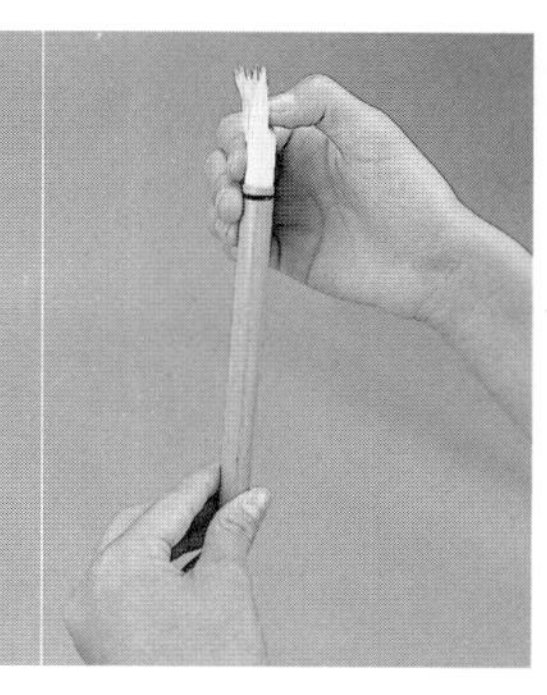

※筆を左手で回しながら右手の親指の爪を立て、少しずつおろすところまでさばく。

一本がけ

二本がけ

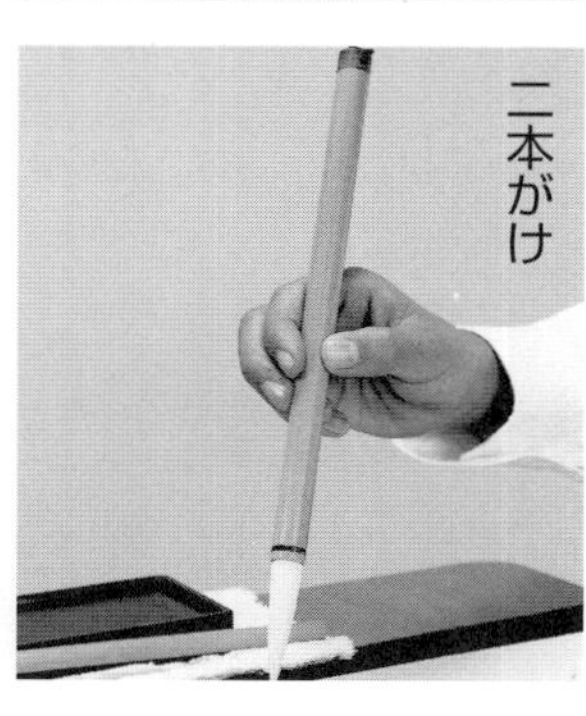

毛筆用具の用意の仕方と置き方

●用具を置く位置

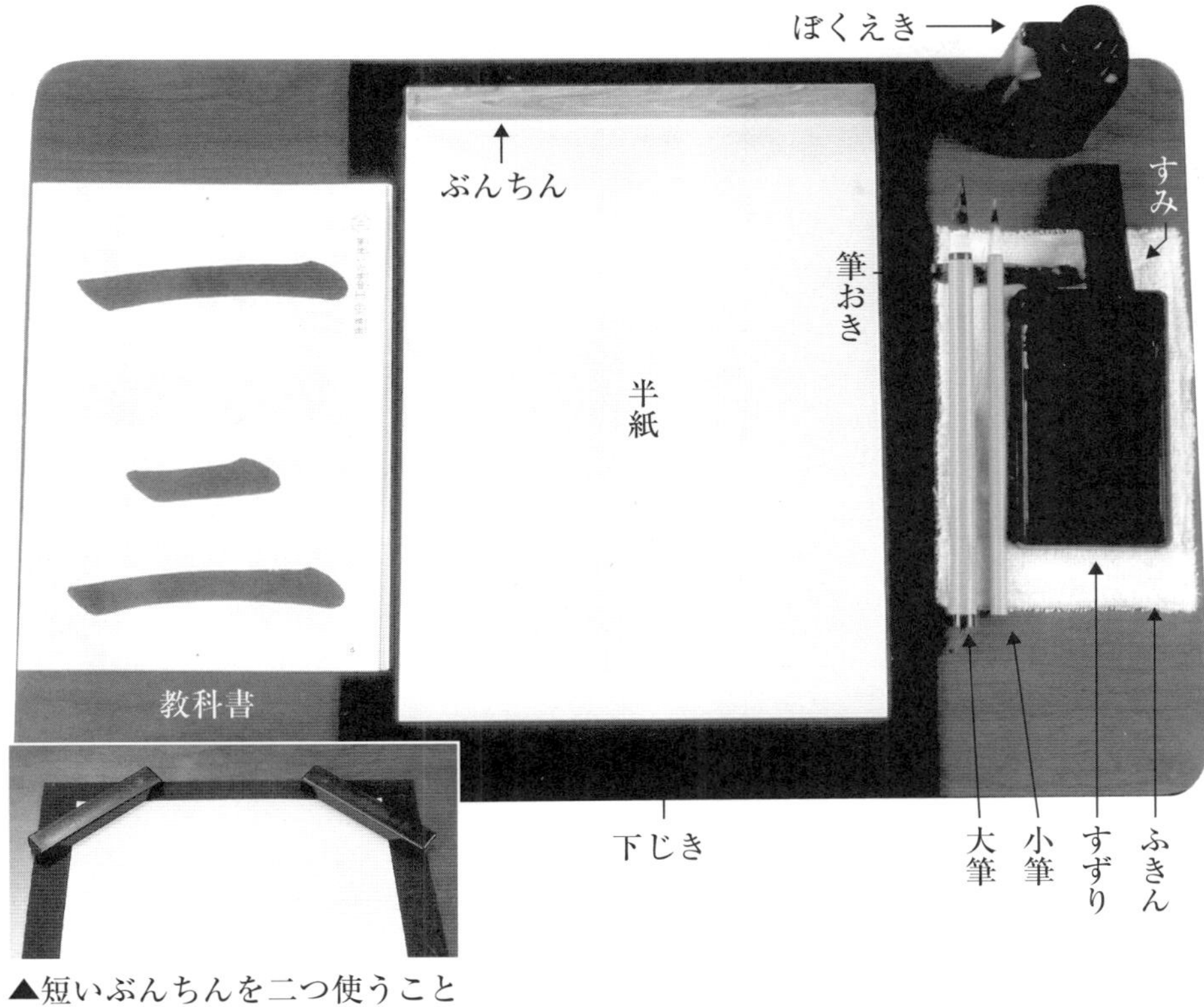

▲短いぶんちんを二つ使うこともある。

○用具を置く順序と用意の仕方をあらかじめ決めておくとよい。

(1) 毛筆やすずり等を机の右側へ置き、水や墨液を入れずにおく。

(2) 下敷と文鎮を置く（半紙など用紙はまだ出さない）。

(3) 教科書教材を使用する場合は左側に閉じておく。

(4) ①墨（固形墨）を磨る場合はすずりのうみ（次ページ参照）に水をいっぱい入れるのではなく少なめに入れて磨り始め、徐々に水を足して磨り、それをくり返しながら墨量を増やす。
②墨液を使用する場合は、すずりや容器にいっぱい入れるのではなくうみの半分くらいに少なめに入れ、墨液のフタをしっかり締めておく。

(5) 半紙など用紙は、書く直前まで出さないでおく。残りの半紙は机の中か、下敷の下に置くのも一つの方法である。

＊用具入れを開けるとそのまますずりや筆を置くところが用意されているものがあるので、その場合はそのまま机の右側に置く。

＊用具の購入をする場合、セットにすべての道具がそろっていることが多くあるが、そのような場合は、あらかじめ中に入っている筆の品質に十分留意しておくことが大切である。
毛筆学習を進める上で品質がふさわしくない場合は、できれば筆だけは別に購入するなど、購入品については家庭まかせにせず一応配慮することが大切である。

長野

入門期の指導

毛筆

指導のポイント

（1）用具の準備と机の上の位置を確かめる。半紙（その時間に使用する枚数）は机の中へ一度おさめて置いておく。

（2）書く直前まで半紙を置かず、筆に墨をつけないことが大切である。

（3）姿勢や筆の持ち方に注意しながら、①〜③のように半紙を、点線のように斜めに折って、墨をつけた筆を置いて、いわば筆ならし的に行う方法などもある。

（4）その際は児童が筆に親しむような指導でよい。毛筆の筆使い的な学習にならないように留意したい。

①

②

③

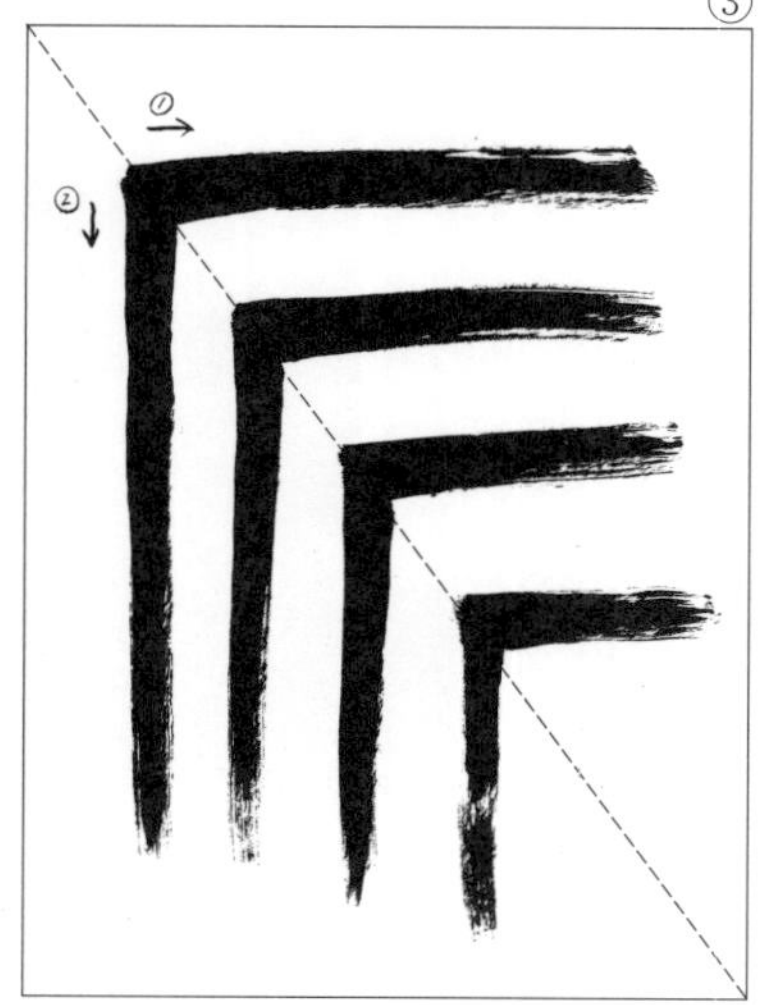

墨の持ち方とすり方

▲墨のかわりに，墨液も使う。

▲すずりがすべらないように，左手でおさえる。

すり終わった墨は、すずりの上にすり面を手前にして立てかける（六十七ページ写真参照）などして、ぬれた面がものに触れないようにするこまかい指導も大切である。

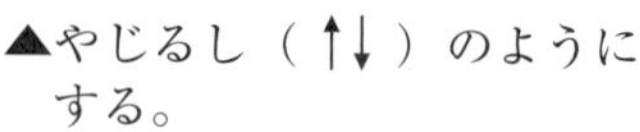

▲やじるし（↑↓）のようにする。

筆の持ち方

●筆を二本がけで、立てて持つように習慣づけるには、繰り返し支援していかなければならない。鉛筆と同じ持ち方にしてしまい、筆も手前に倒してしまう児童が多く見られるが、その場合に、筆を立てるよう指示すると腕全体を挙げてしまう。教師は、児童が持つ筆の上部を起こしてやるようにするとよい。筆の傾きを直すには、親指の根元にもう一方の指を入れると筆が自然に立つ。

●小筆で細字を書く場合は、枕腕法による書き方もある。左手の手のひらを下にして置き、その手の甲を枕にして右手首をのせて書く構え方で、書く手が安定する。まとめ書きの際に、小筆で名前を書く場合などは、必要に応じて取り入れたい。

●ビデオなどを使ったりして、正しい筆の持ち方が習慣づけられるよう努める。

★よい筆の持ち方を知る

筆は二本がけ（写真）または一本がけで持つ。

筆を立てて持つためには、筆の軸を人さし指の方につけて、親指の根元にはつけない。（六十六ページ参照）

用具（すずり・墨・筆・筆置き・文鎮など）の名前と、それぞれの役割についての確認

●**墨の持ち方**

墨は、力を入れないで軽く持つ。墨をするときは、すずりがすべらないように左手をそえる。

●**墨のすり方**

水（墨液）が濃くなるまで「りく」の部分でしっかりりする。

●**筆の置き方**

机の下に落としたりしないようにすずりの左側に筆置きを置くようにする。

●**文鎮の置き方**

文鎮は、用紙が動かないように、また、紙面を広く使えるように置く。

あとかたづけをきちんとする

●筆やすずりの墨は、よくふきとるか、あらうかしておく。

●筆のほ先は、ていねいに整えておく。

●墨は、すった後、よくふきとっておく。

●用紙を整理する。

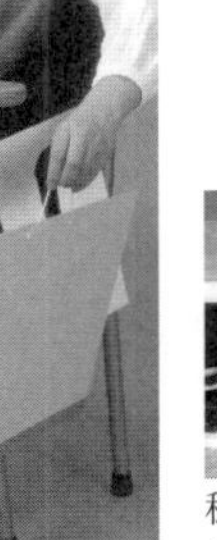

穂先が真っ直ぐになるようにふきとる。

ペットボトルを利用すると、ふたをして机の横につるすこともできる。

半紙ばさみ

板目表紙と綴じひもでつくり、中に新聞紙を入れる。

永島

毛筆の筆使い 1

1 楷書の筆使い（書写的な筆使い）

毛筆を使用して文字を書く時、指導者は、字種により多少筆使いが違うことを理解した上で指導にあたりたい。

字種	筆使いの特徴	書写的な筆使い（平仮名と漢字（楷書）の筆使いが歩み寄った、いわゆる小学校的筆使い）
平仮名	①漢字の草書を簡略化しているため全体に曲線的である。 ②一本の線の運動の中に太い、細いの変化が出やすい。 ③線と線が一字の中で連続するような筆使いが見られる。	①曲線をひかえ直線的である。 ②一本の線の運動の中はあまり太い、細いをつけず、同じような太さにする。 ③線と線との筆意（連続する気持ち）をおさえ、結果として、漢字の楷書の画数のように、一筆、二筆と数えられるようにする。
片仮名	①片仮名だけの筆使いというものは元来ないが、歴史的史料では単体で書いた平仮名や漢字の行書の筆使いに近い。	①漢字（楷書）と片仮名の筆使いは同じとして表現する。 ②始筆と終筆の「とめ」はほぼ四十五度とする。 ③横画や縦画などは始筆の太さが終筆まで変化しない。 ④終筆（はね、はらい）は長過ぎず、短過ぎず中庸なもの。
漢字（楷書）	①小学校における毛筆指導を行うために楷書の古典を学習することは、基礎学習としてはよいが、筆使いなどそのまま活用できるとは言い難い面もある。	

2 漢字楷書の筆使い

基本となる点画

学年別漢字配当表に示されている漢字を毛筆で書こうとする場合、その漢字群に共通な点画の書き方（筆使いも含む）の集合を「基本となる点画」という。なぜ基本点画といわないかというと、研究者により多少異同があるからで、そのため「となる」というのが一般的である。

ここでは、点画の名称と指導の際に用言として説明する言い方も合わせて示しておく。

「横画」

①
②
③

「縦画」

④ とめ（とめる）
⑤ はね（はねる）
⑥ はらい（はらう）
⑦ はらいとめ

※ 横画の指導の際、「三」で行う場合は、①のように上にそる方向の指導も含めて行うのか、難しい問題である。したがって、毛筆入門期の際は②と③で書ける「二」で行う場合が多いようである。

「右はらい」

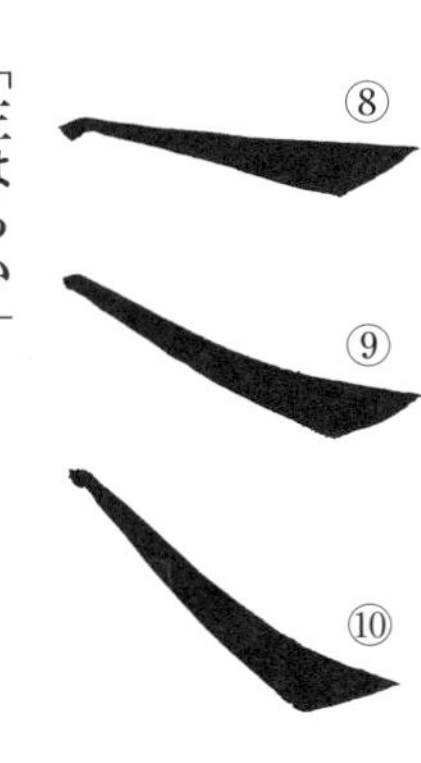
⑧
⑨
⑩

※例えば⑫と⑨を合わせると「走」の六、七画めとなり、⑬と⑩は「人」となり、⑲と⑧は「しんにょう」の二、三画めとなる。特に「左はらい」と「右はらい」をそれぞれ組み合わせるといろいろな文字の部分になるので、授業の際には、左右のはらいとして一括で指導するとよい。

「左はらい」

⑪ ⑫ ⑬ ⑭ ⑮ ⑯

「おれ」

⑰ ⑱ ⑲ ⑳ ㉑ ㉒

「まがり」「そり」

㉓ ㉔ ㉕ ㉖

「点」

㉗ ㉘ ㉙ ㉚

※毛筆の筆使いの指導は、これらの基本となる点画のどれかの指導となる場合が多い。したがって、ここに示した①～㉚の筆使いを身につけるようにして、机間支援の際の個別指導は、その部分だけを示すようにすると効率的に行うことができるのである。

＊片仮名の筆使いは、楷書の筆使いと同じ。

長野

毛筆の筆使い 2

❶ 仮名の筆使い（書写的な筆使い）

楷書に調和する平仮名、いわゆる小学校的平仮名の筆使いは、指導上漢字の楷書の筆使いに近いことはたしかである（七十ページ表参照）が、楷書の筆使いにはなく、平仮名特有の筆使いがいくつかあるということを理解しておくことが大切である。

「向い合う線」

「向い合う線」を書く時は、「い」の一筆めから二筆めに向かう時に、一筆めの終筆に「はね」に似た筆使いが現れる。この終筆は「か」の一筆めの「はね」ではなく、次の線に移る時にできる、いわば筆意の痕跡（穂先のあとが出たもの）として書くようにすることが大切である。

「大回り」

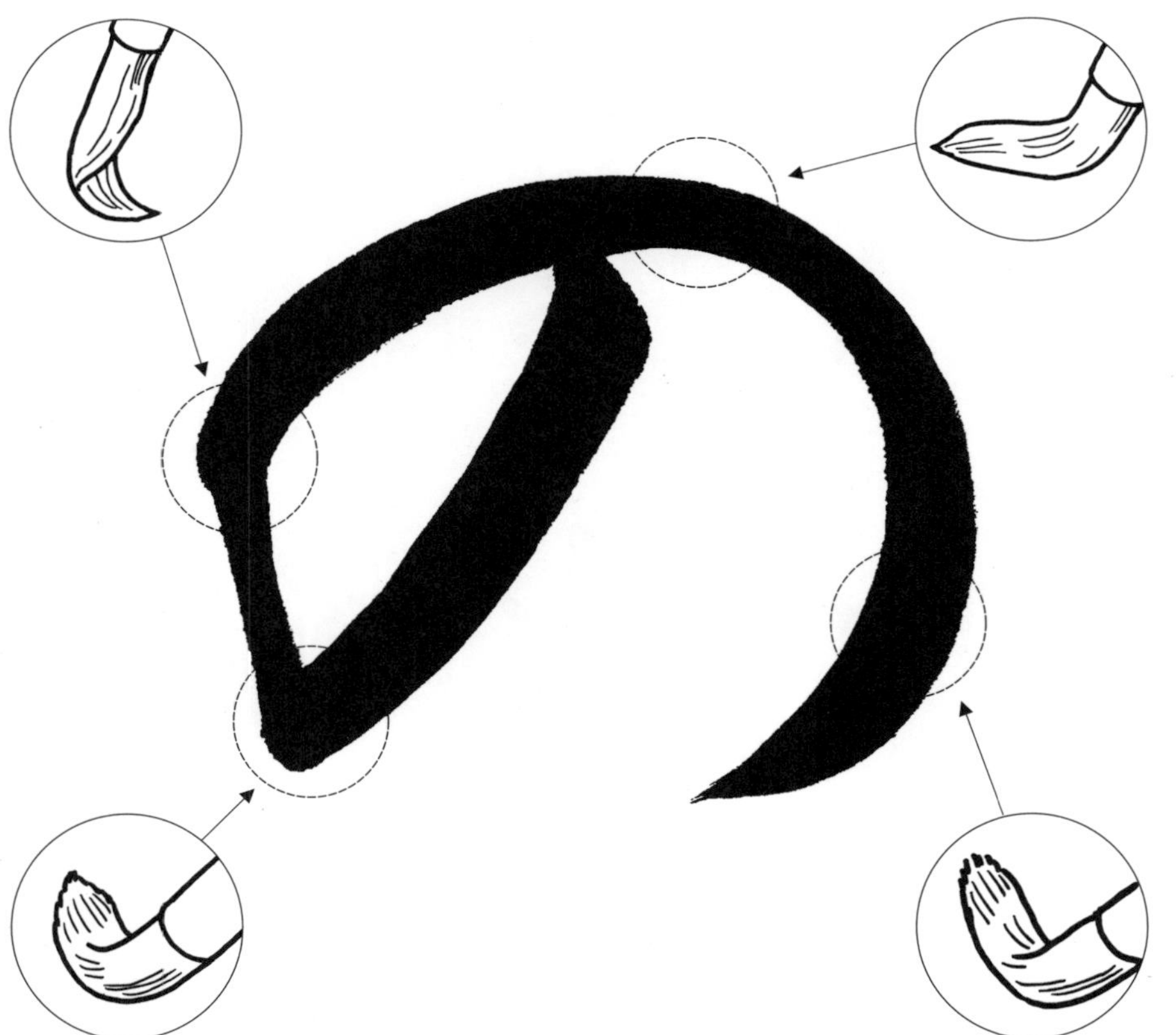

※「の」や「め」「ぬ」のように「大回り」の筆使いがある文字は、穂先の向きや線の中を通る位置を、水書板や二色筆（八十一ページ）を使用するなどして、具体的に示すことが大切である。

平仮名の筆使いのポイント

（1）小学校において毛筆による平仮名の指導は、ある意味で漢字のそれよりも難しい面もある。漢字の楷書の場合は、用紙に筆が触れる面が比較的一定になるのに対して、平仮名は、筆のあらゆる面を使用することが多く、それだけ難しいといえるのである。

（2）平仮名の毛筆の筆使いは、したがって、一般には漢字の行書や草書の筆使いに近いと考えてよい。小学校段階では筆使いを漢字の楷書と平仮名（楷書的平仮名）のそれと、厳密に言えば二つの筆使いを指導することになるが、実際の指導においては、両者を区別せずに指導することでよい。

（3）小学校の教科書教材で平仮名だけの教材が漢字に比べて少ないのは、（1）（2）のことが遠因しているからと考えてもよい。

（4）毛筆の学習の時間に小筆を使用する（六十六ページ写真参照）場面で、児童の氏名等を書くことがあるが、小筆の持ち方が、鉛筆などの硬筆を持つ持ち方に近いということで、小筆中心の毛筆学習を設定することは考えられる。小筆での学習は、大きな筆を使用して少ない文字数を精習する学習に比べ、多字を比較的短い時間に学習できるなどの利点もあるので、例えば、毛筆の筆使いの学習のねらいとして「ひらがな」の五十音を小筆で行うことなどを設定することも考えられる。

長野

半紙の書き方と使い方

半紙の書き方と教材との関係

教科書教材に示されているように、毛筆による書写の学習は、半紙に教材文字を書くことが一般的に行われるが、練習の段階やまとめ書きで、いろいろと工夫をして書くことが大切である。

（1）教材文字が一字の場合

カカ

里里

土土

○教材文字の字形が四角に近い場合には、半紙を縦にして上下に練習する方法がある。

○教材文字の字形がやや縦長の場合は、縦に二文字書くと上下におさめにくくなるので、半紙を横にして左右で練習する方法がある。

○半紙にまとめ書きをする場合、例えば上に一時限のまとめ書きをし、下に文字を書かずにおき、二限目の最初にその半紙をその時間の導入として活用する方法など考えられる。

（2）教材文字が二字の場合

半紙に二文字以上を書く学習は、字配りの学習となるので、半紙にどうおさめるかということと、それぞれの文字の大きさとの兼ね合いの中で字配りが決定することをよく考えて指導することが大切である。

ア 左右

イ つり

○この場合半紙を半分に折って書くことがあるが、アの場合は二文字がほぼ同じ大きさになるので、折った線が上下の文字を分ける線になり、イの場合は、その折った線に沿って書くと「り」が小さくなることがあるので、折った線は一つの目安であることを理解する必要がある。

（3）教材文字が四（三）字の場合

ウ 考える子

エ わき水　二組　千葉　剛

○ウ・エの場合半紙を上下、左右に折ることがあるが、折った縦長四角の中に文字を入れるようにすると各文字が小さくなるので、この場合は上下だけ折るなどして、文字の大きさ等を制限するようなことにならないようにすることが大切である。

＊このような場合で学年や氏名を書く時は、写真のように入れる方法がある。

（4）教材文字が六（五）字の場合

オ

アジア
の仲間

カ

羽ばた
け鳥

○このオやカの場合は、半紙の字配りの学習としては難易度の高い学習となるので、半紙を六等分に折ることが考えられるが、練習の段階やまとめ書き等でも折って書くか書かないかは、当該時間の学習のねらい等を考慮して実施することが大切である。

（5）半紙に学年や氏名を入れる場合

キ

努力
一組　愛知ひかる

ク

思い
やり
五年三組　秋田花子

ケ

流れ
る雲
六年　田中一絵

キのように書くスペースがあり、あらかじめそのスペースをとっておく場合は、半紙の中心を折る際に氏名等のスペースを折ってから残りの中で中心線を折ることになる。また、クやケのように半紙に二行になる場合は、氏名等を書く幅を折る（ク）か、氏名等を書く中心を折る（ケ）方法とが考えられる。ケの方が半紙の横幅を有効に使えることもあるので、半紙を折る場合は教材により、工夫することが大切である。

（6）半紙に短文（ことわざ）等を書く場合

コ

よい言葉の一つは、
多くの本の
一冊にまさる。
ルナールの言葉

○コのようにことわざを書くような場合は、作者名を入れるなどして文字の大きさや全体の余白などを考えて書くようにするとよい。

サ

菜の花や
月は東に
日は西に
蕪村の句　光江

○サのように俳句を半紙を横にして書く場合は、行の高さ、行間の広さを工夫して書くようにするとよい。

＊半紙を折って書くか、折らないかということは、あくまでもその当該時間の学習のねらいを規準に考えていくものであるので、習慣的に半紙や用紙を折ることのないようにしなければならない。

長野

字配り　書きぞめ

❶「書き初め」の実施の方法と留意点

わが国の伝統行事の一つとして、新年を迎える気持ちを言葉に託して行うものである。年間の指導計画に位置づけて、授業の中で行うが、学級、学校行事として体育館等の教室外で行うなどの方法がある。

児童にとっては、大きな紙に書くことで、書写に対して興味・関心が高まったり、書いたものを廊下や校内外の場所で展覧会形式等で掲示することによってよい経験になったりすることもあるので、あくまでも国語科書写の学習の一環の中で国語科の調整、校内の理解や協力が得られるよう計画することが大切である。

特に、地域及び都道府県内展や全国の公募展との連携で行う場合は、出品料等の金銭的な問題をはじめ、審査規準や方法等に十分配慮し、結果として書写の学習とは大きく違ったものにならないようにしなければならない。また、学級内や校内で賞をつけて選抜するような場合でも、審査規準を明確にし、国語科内のコンセンサスをはじめ、学校長や校内の協力を得ることなど、書塾に通っている児童だけが奨励されることのないようにしなければならない。

○立って書く姿勢

上の写真のように机を二つ並べて児童が交代して書くか、あらかじめ他の教室にも用意しておく。机の端どうしをテープ等で軽く止めておくと書きやすい。

また、用紙が長い場合は、書いたら少しずつ用紙を前へ送りながら書くようにするとよい。この他に、机を縦につないで長い用紙を書く方法などがある。

○ゆかの上で書く姿勢

上の写真のようにゆかで書く場合は、教室の場合は机を移動して行うことになるが、他の教室を使用して行う時は、あらかじめ机を移動しておくとよい。

また、写真にはないが、Ａ４判くらいのあき箱の上か下を使って用具一式を入れておくと移動しやすく、万一こぼれても床を汚さずにすむので、あらかじめ用意しておくとよい。

2 書きぞめの書き方

一般的には、毛筆を使っての文字の大きさ、行の中心、字配り等がこの学習のねらいとなるが、学年や氏名等の字形の整え方や書く位置の適否も含めて、いわゆる作品として仕上げることを求める場合は、それらのことを計画に入れ、学年や氏名に小筆を使うことなども考慮して十分に準備をして行うことが大切である。漢字だけの言葉では大小、行の中心、字間等の学習のねらいを立て、漢字仮名交じりの言葉では、漢字は大きめに平仮名は小さめに書くようにするなど、それぞれの学年の学習指導要領に示す指導事項との関連を十分配慮して児童に書くポイントをわかりやすく示すことが重要である。

用紙を折って書く場合は、次の二つの方法がある。

①の方法は、用紙全体の中心を折り、本文を書いた後にあいているところへ学年や氏名を書き入れる方法である。

②の方法は、あらかじめ学年や氏名のスペースをとってから用紙の中心を決める方法である。

①
友だち
三年　中田広二

②
美しい朝
四年　池内友子

①の方法は語句により書きやすい場合と書きにくい場合があるが、②の方法より①の方法の方が本文全体を大きく書けることは確かである。

3 書きぞめの用具

筆

書く用紙の大きさにもよるが、普段使用している半紙用の筆を使用する方法と書きぞめ用の筆として大きなもの（左上図）との二通りある。

半紙用の筆を使用する場合、普段から全部下ろして使っている場合はよいが、筆の元の方が固めてある場合は、あらかじめ筆の毛筆部のみを水に入れて（左下図参照）筆をほぐしておく必要がある。

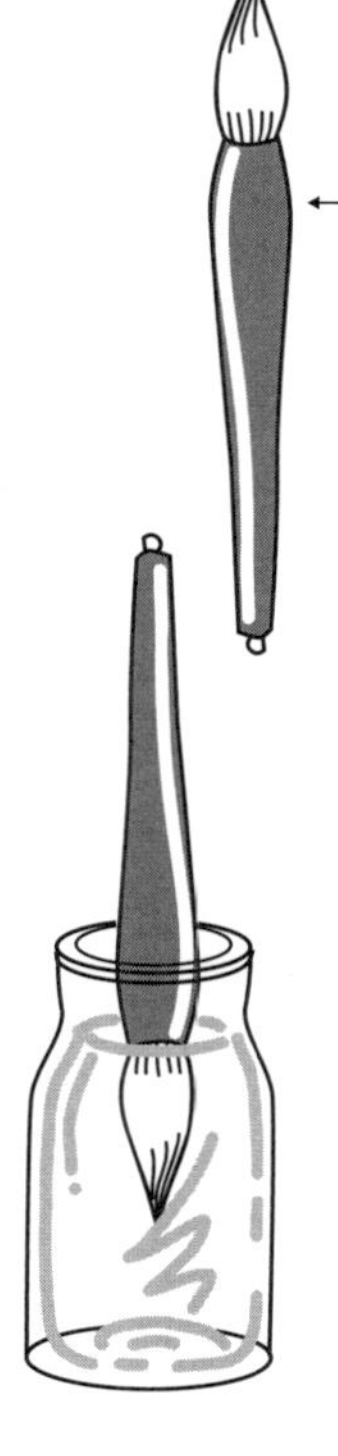

ビンに水を入れて毛筆部だけが水につかるようにして二、三日つるしておいておき、その後、水で中に固まっている墨をゆっくりもみ出すようにして洗うようにすること。

用紙

条幅型の用紙を使用することが多く、一般的に最大が半切の大きさで、最小はその四分の一まである。地域や展覧会により幾種類か分かれているので特に書きぞめ用の用紙としての大きさは決まっていない。

長野

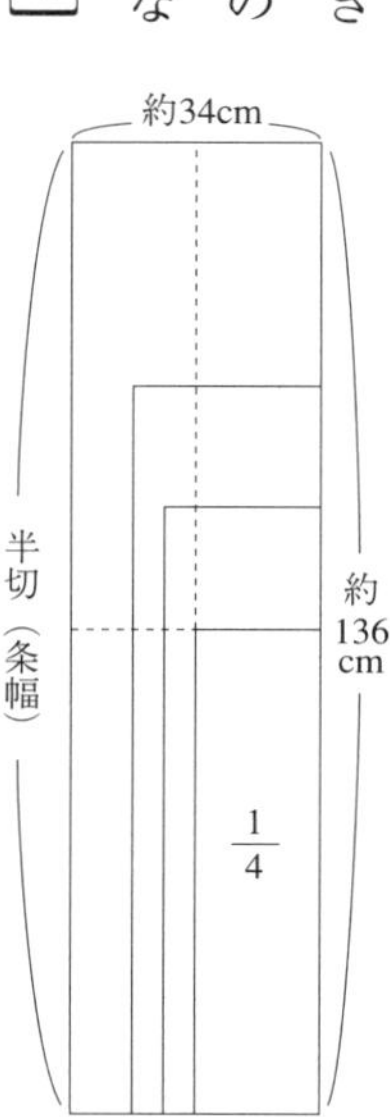

教具　学習全般

OHC（オーバーヘッドカメラ）

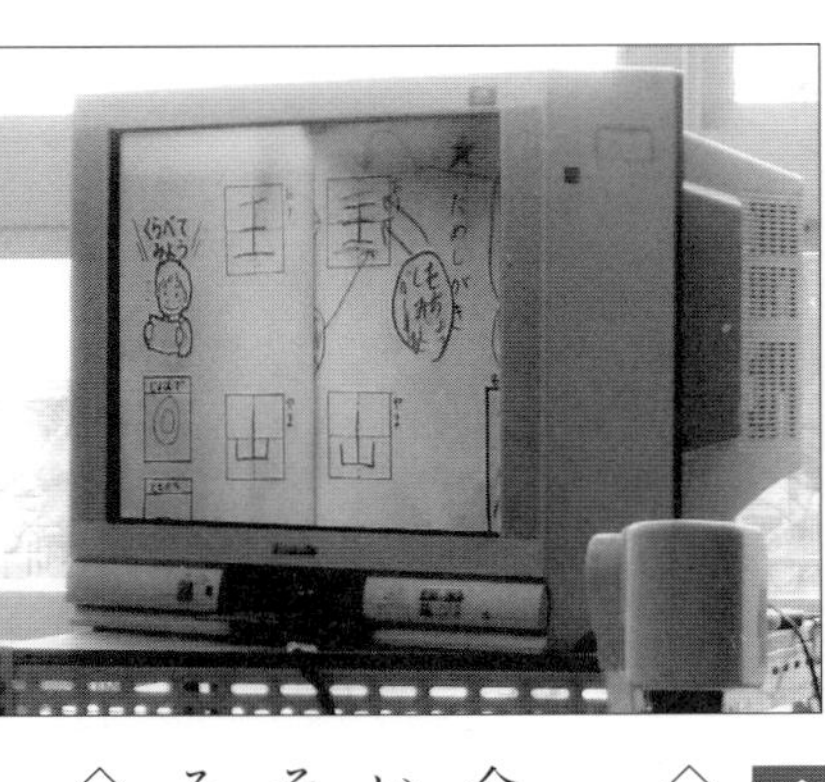

活用例

◇硬筆の文字を大きくテレビに映す。

児童が授業中に書いた文字をすぐに全体で見ることができる。硬筆の小さい文字でも、まとめ書きと試し書きをその場で比較し、全体で成果を確認することができる。

◇教師の示範を見せる。

硬筆や毛筆の文字を書いて見せるとき、教師の手元や学習のポイントとなる筆使いを、拡大してわかりやすく示すことができる。また、「筆を立てて書く」指導について、教師が実際に筆を立てて書いている姿と、書けた文字を同時に見せることができる。

◇毛筆の文字の部分を拡大して見せる。

「接し方」「交わり方」など毛筆でも特に見せたい部分を拡大して示すことができる。画面の大きさには限界があるので、毛筆の文字全体を写すには、掛け図や拡大コピーが適している。

- 教室に常時設置して、必要なときにすぐ使えるようにしておくことができるとよい。
- ＯＨＣがない場合、ビデオカメラでも代用できる。

ＯＨＰ（オーバーヘッドプロジェクター）

活用例

◇硬筆の文字を大きくスクリーンに映す。

ＯＨＣよりも大きくスクリーンに映すことができるが、ＯＨＰシートに事前にコピーしておく必要がある。コピー機を教室に置けば、授業中に書いた文字をすぐに見ることもできる。

ビデオカメラ

活用例

◇筆順や、毛筆の筆使いなどを示す。

あらかじめ、手元を大きくビデオに撮っておくことにより、児童にわかりやすく示すことができる。教師も児童と一緒に画面を見ながら、重要な所は静止画にしたり、繰り返し見せたりすることができるのでとても効果的である。

◇姿勢などのチェックをする。

授業中の、児童の姿勢や毛筆の筆の様子などを撮る。直後に再生して見せることにより、なかなかわかりにくい自分の課題をその場でチェックし、解決に役立てることができる。カメラは三脚を使ってセットしておけば、教師は指導しながらビデオを撮ることができる。また、テレビにつないでおけば、児童は書く様子をその場で自分で確認しながら学習を進められる。

◇ＯＨＣの代用として使う。

図のようにつなぐことで、ＯＨＣと同じように使うことができる。準備に多少手間がかかるが、あらかじめ準備して授業にのぞめば、とても効果的である。

カメラの向きを変えるだけで、右に示した「姿勢などのチェック」と併用もできる。

パソコン

コンピューターの設置については、学校差が大きいのが現実である。コンピューター室にいっても二人で一台しか使用できない学校から、各教室に一人一台ずつ使用できる学校まである。機種も新旧も様々である。ここでは、考え得る活用法を示しておくので、学校の条件に合わせて学習に役立てていただきたい。

活用例

◇練習用紙を選んでプリントアウトして使用する

色々な練習用紙を、ＣＤ—ＲＯＭまたは、教師用パソコン（サーバーの資料など）に用意しておく。授業の中で、児童は自分の課題にあった練習用紙をその中から選び、プリントアウトして使用する。今までのように、児童の使う練習用紙を予想して、大量に印刷しておくという手間が少なくなる。児童も自分にあった練習用紙をよく考えるようになり、密度の濃い学習が期待できる。

また、指導書などについているＣＤ—ＲＯＭを上手に活用することにより、さらに準備にかかる時間を減らすことができる。

◇書写ノートを作る

硬筆の学習の試し書き、まとめ書きやワークシートをファイルしておくことは比較的やりやすい。しかし、毛筆の試し書きとまとめ書きを合わせて保存したり、後から見直すことは煩雑である。

そこで、ワークシートをパソコンのファイルで作り、そこに自分の試し書き、まとめ書き、必要に応じて途中の練習用紙を、スキャナまたはデジタルカメラで撮ってパソコンに取り込み、書写ノートを作っていくことが考えられる。教師は、基本的な形式を作っておけば、児童は総合的な学習の時間等と関連づけて、入力の練習として作成していくことができる。後から見直したとき、自分の成長を一目瞭然に確かめることができる。

◇筆使いなどの動画を見る

指導書についているＣＤ—ＲＯＭの筆使いの動画を見る。必要なときに理解できるまで何度も繰り返し見ることができるので、児童は自分の課題に合わせて自分のペースで学習を進めることができる。毛筆の学習の後、硬筆に返した段階でも、じぶんの課題に合わせて必要なときに動画を活用し、毛筆の筆使いを硬筆の学習に生かしていくことができる。

児童一人ひとりにパソコンがない場合は、教師用のパソコンをテレビやプロジェクターにつないで全体指導の中で児童に見せることができる。

①課題をつかむ段階
②練習の途中の段階
③まとめ書きの前後に成果を確認する段階等

毛筆の学習に役立つ教具

チョーク

活用例　チョークで黒板に大きく書く

硬筆の場合、鉛筆での練習はどうしても小さく、フェルトペンをつかっても、ある程度の大きさが限界である。黒板に書くことにより、児童は文字を大きく書くことができ、課題をつかんだり成果を確認するときに活用できる。児童も、大勢の前で書くので、多少の緊張感もあり、ていねいに書こうとする。

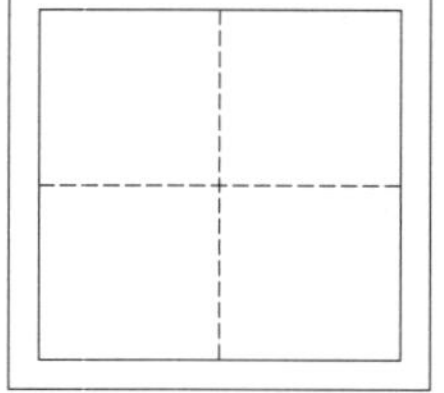

その際、全く線のないところに書かせるのではなく、上図のような、文字指導板を使用する方が効果的である。文字指導板がない場合でも、マスのある黒板を使用することにより、同様の効果をあげることができる。ただし、児童にとっては、慣れないと書きにくいことがある。

文字スケール

作り方

ＯＨＰシートに硬筆の練習用紙のマスと同じ大きさのマスを、コピーして作る。中心や外形など、その時間のポイントをも入れておくとよい。

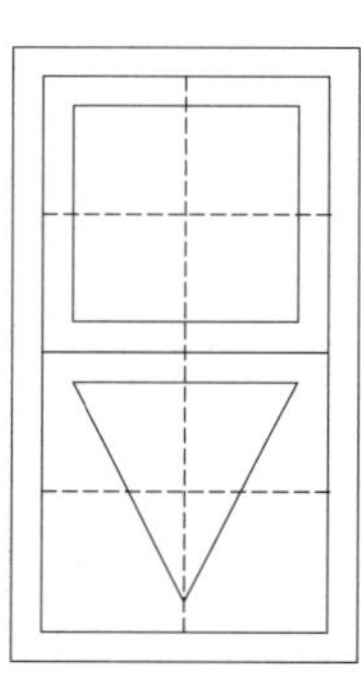

活用例　自己評価に使う

文字スケールを使うことにより、いつでもすぐに自己評価することができ、時間を有効に使うことができる。

砂箱

活用例　砂に指で大きく書く

チョークで黒板に書くのと同様、大きく書いて自分の課題をつかんだり、練習の成果を確認するのに有効である。指で書くので用具による制約がなく、書いた後はならして何度でも繰り返し使える。特に課題解決に向けての練習中、時々大きく書いて確認しながら学習を進めるとよい。箱の大きさに合わせた文字スケールを用意しておくと、その場で自己評価することができる。

硬毛ペン

活用例　まとめ書きに使う

フェルトペンの先が毛筆のようになったペンである。始筆や終筆の際、毛筆のような筆跡になり、毛筆で書いたときの感じをつかむことができる。堅さがあるので、低学年でもフェルトペンのような感覚で、あまり抵抗なく使うことができる。

毛筆の学習に役立つ教具

水書板

活用例　示範を見せるときに使う

水と大筆があれば、手軽に児童に部分を拡大して示すことができる。文字全体を大きく書くと、形が整えにくいので、基準の大きな文字は掛け図や拡大コピーなどで別に示しておき、その時間のポイントとなる筆使いの部分を書いて示すとよい。

水書板は、普段の国語で、新出漢字の学習をするときなどにも利用していくと、書写の学習とその他の学習を結びつけていくきっかけとなる。

水書板の場合、黒板に垂直に書くことになるので「筆を立てる」という指導を示すには適さない。「筆を立てる」指導は、前出のＯＨＣを使用したり、実際に紙に書く姿勢を見せる方が効果的である。

水書用紙

活用例　硬筆の学習で、文字を確かめるときに使う

水書用紙は半紙サイズのものである。水を使って筆で書き、乾かせば繰り返し使うことができる。硬筆の学習中で、毛筆の準備をしていないときなど、硯や墨の準備をしなくても、手軽に毛筆で確認できるところが利点である。後片付けも簡単なので、児童一人ひとりに持たせて、いつでも使えるようにするとよい。

教室内に水書用紙コーナーをつくっておいてもよい。

墨で書いてしまうと使えなくなってしまうので、筆を別に用意しておくこと、また、一度書くと季節によっては乾きにくいので、たくさん練習する場合には適さない。

二色筆

作り方

羊毛と馬の毛で裏表二色になっている指導用の筆もあるが、手に入りにくい場合は、手作りできる。

羊毛の白い毛の筆を用意し、中心から半分を、赤などわかりやすい色で塗る。表面だけでなく、中の方までよく塗る。

活用例　筆使いの指導に使う

筆の裏と表を使う筆使い（曲がり、ひらがなの大回りなど）の学習の際、裏と表を使うことを児童に視覚的に理解させることができる。

白から赤にかわる

パタン

始筆時計

活用例　常掲して始筆の方向を意識づける

毛筆の導入で、始筆の方向を学習する。それを常に振り返り確認させ、定着できるようにするため、始筆時計を常掲したり、児童の机上に置いたりするとよい。［土上］

評価

書写における評価とは

書写における評価は、単なる作品評価や展覧会で行われているような順位付けの評価でないことは言うまでもない。学習の各段階において、評価規準に照らし合わせて、学習目標がどの程度達成できているかどうかを判定し、次の学習や指導に生かすためのものである。

そこで、指導の実際の場面を想定しながら、①目的と時期に応じた評価の種類　②評価の方法と場　③評価カード等を用いた評価の実際に分けて評価について考えていきたい。

目的と時期に応じた評価の種類

1 診断的評価

ある単元や題材を指導する際、児童がその単元や題材の目標を達成するための力をどの程度持っているのか、また書写に関する日頃の興味・関心はどの程度なのかといった情報を得るために行う評価活動である。この結果、指導計画や指導方法を決定していく大切なものである。実態調査、事前調査、予備調査などと言われることも多い。

2 形成的評価

単元や題材の指導の途中や終わりの段階で、目標がどの程度達成されているのかという情報を得るために行う評価活動である。この結果、指導計画を変更したり、指導方法を改善したりするのである。書写カード、評価カードというようなものを用いて行うことが多い。カードの実際については後述する。

3 総括的評価

学期末や学年末などに、児童が指導目標に対してどの程度到達したのか、書写に対する関心や意欲はどうかといった点を総合的に判断する評価活動である。形成的評価の蓄積を大切にして、児童の変容を比較的長期的に見て判断したい。

書写実態調査　　　○月○日調査

○年○組　名前＿＿＿＿＿＿

＊あてはまるところに○をつけて，りゆうも書いてください。

1．あなたはしょしゃの学習がすきですか？
　すき・少しすき・少しきらい・きらい
　〈りゆう〉＿＿＿＿＿＿＿＿＿＿＿＿＿＿

2．つぎの字をえんぴつで書いてください。
　日　　先　　気

3．「先」と同じように「し」のぶぶんのある字を知っていたら書いてください。

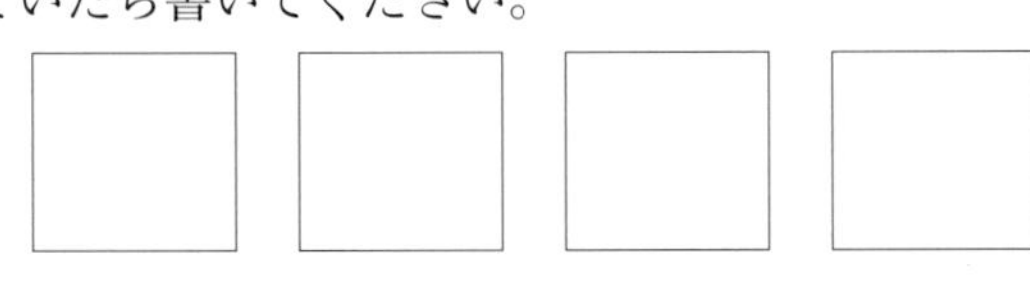

診断的評価「おれ，まがり，そり」の例

評価の方法と場

評価は、誰（教師・児童）が行うかで大きく二つに大別される。実際にはいくつかの方法を組み合わせながら、できるだけ客観的に評価し、学期末や学年末の評価・評定につなげたい。

1 教師による評価

①指導中の観察による評価（技能及び関心・意欲・態度）

一単位時間の中で全員を評価することは難しい。そこで、一単元または題材の指導計画中に複数時間にまたがって下図のような「座席表チェックリスト」を活用しながらこまめにかつ継続的に評価していくことが大切である。

F子　○日○日	E男　○日○日
筆使い　A　A	筆使い　B　B
意　欲　A　A	意　欲　B　A
D子　○日○日	C男　○日○日
筆使い　B　A	筆使い　C　B
意　欲　B　B	意　欲　B　B
B子　○日○日	A男　○日○日
筆使い　B　B	筆使い　B　A
意　欲　A　A	意　欲　A　A
教　壇	

②指導後の作品等の提出物による評価（技能）

作品等の提出物を評価することは広く行われている方法である。主に技能面の評価に使われることが多い。その場合、作品そのものに朱墨等を使って丸をつけたりすることは好ましくない。児童が書いた作品はそのままにしておき、添付した「評価カード」等に教師評価を加えるべきである。

③指導後のテストによる評価（知識・理解）

書写のテストというと聞きなれないかもしれないが、次のようなものが考えられる。

1 左右・上下の組み立て方であてはまるものを●―●でむすんでみよう。

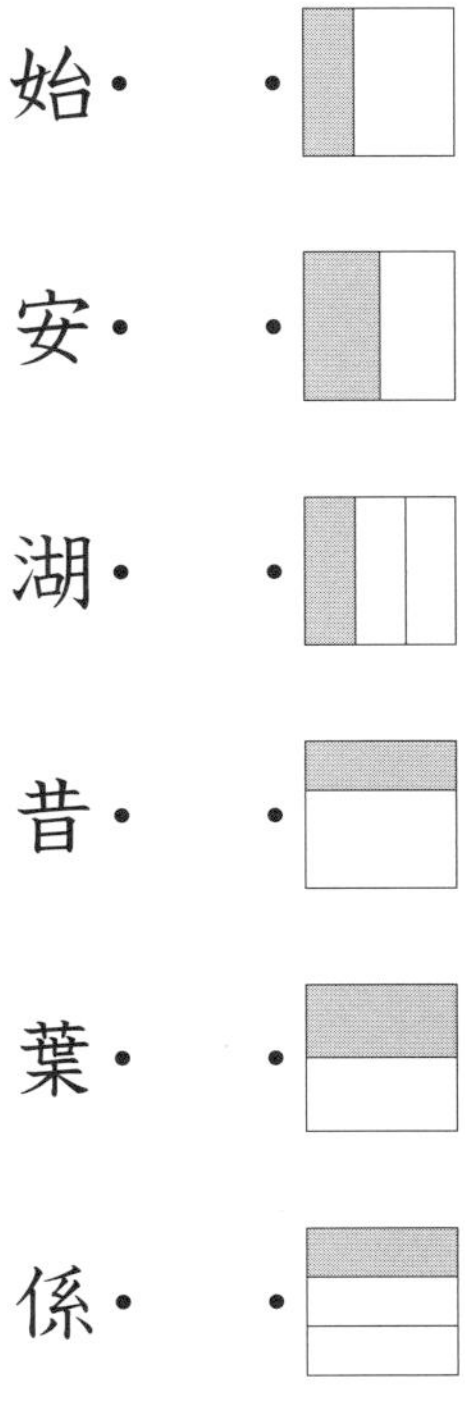

始・　安・　湖・　昔・　葉・　係・

2 書き順が正しいほうに○をつけよう。

有

□ 一 ナ 冇 有 有

□ ノ ナ 冇 有 有

2 児童による評価

①自己評価

②相互評価

学習過程の途中もしくは終末部分で一般的に行われている評価方法である。短時間で評価できるように、よくできたら◎、まあまあだったら○、もう少しだったら△、というように約束を決めておくと効率的である。

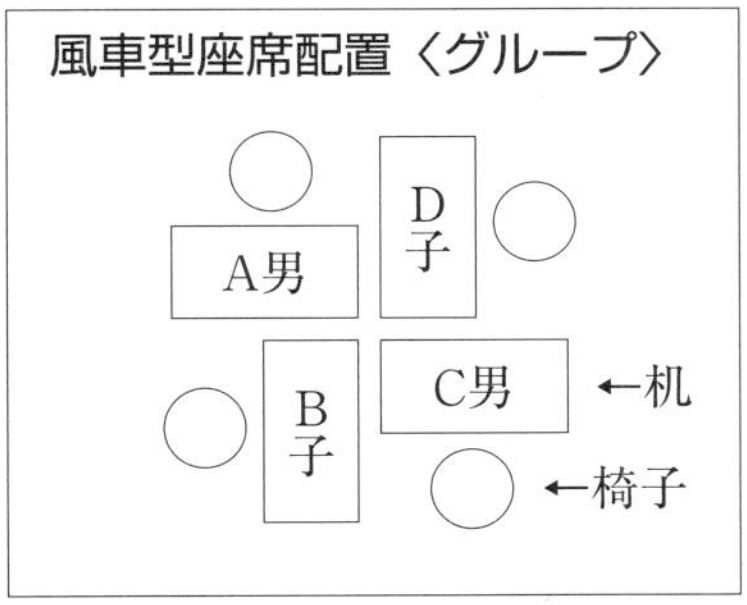

風車型座席配置〈グループ〉

A男　D子　B子　C男　←机　←椅子

相互評価しやすい場の工夫例

評価カード等を用いた評価の実際

では、具体的に評価カードを用いた評価の実際を見てみよう。低学年の硬筆における場合と、中・高学年の毛筆・硬筆関連の場合を例としてあげる。

1 低学年の評価カード

低学年は、硬筆中心の学習であり、机の上のスペースも比較的余裕がある。しかし、評価カード等を別に用意すると、名前を書かせたりのりづけして貼らせたりするなど、意外に煩瑣である。そこで、左図のように**ためし書き、まとめ書き、練習用紙、評価カードを一体化**したものが便利である。評価の観点に関しては、できるだけわかりやすく一つか二つにしておきたい。

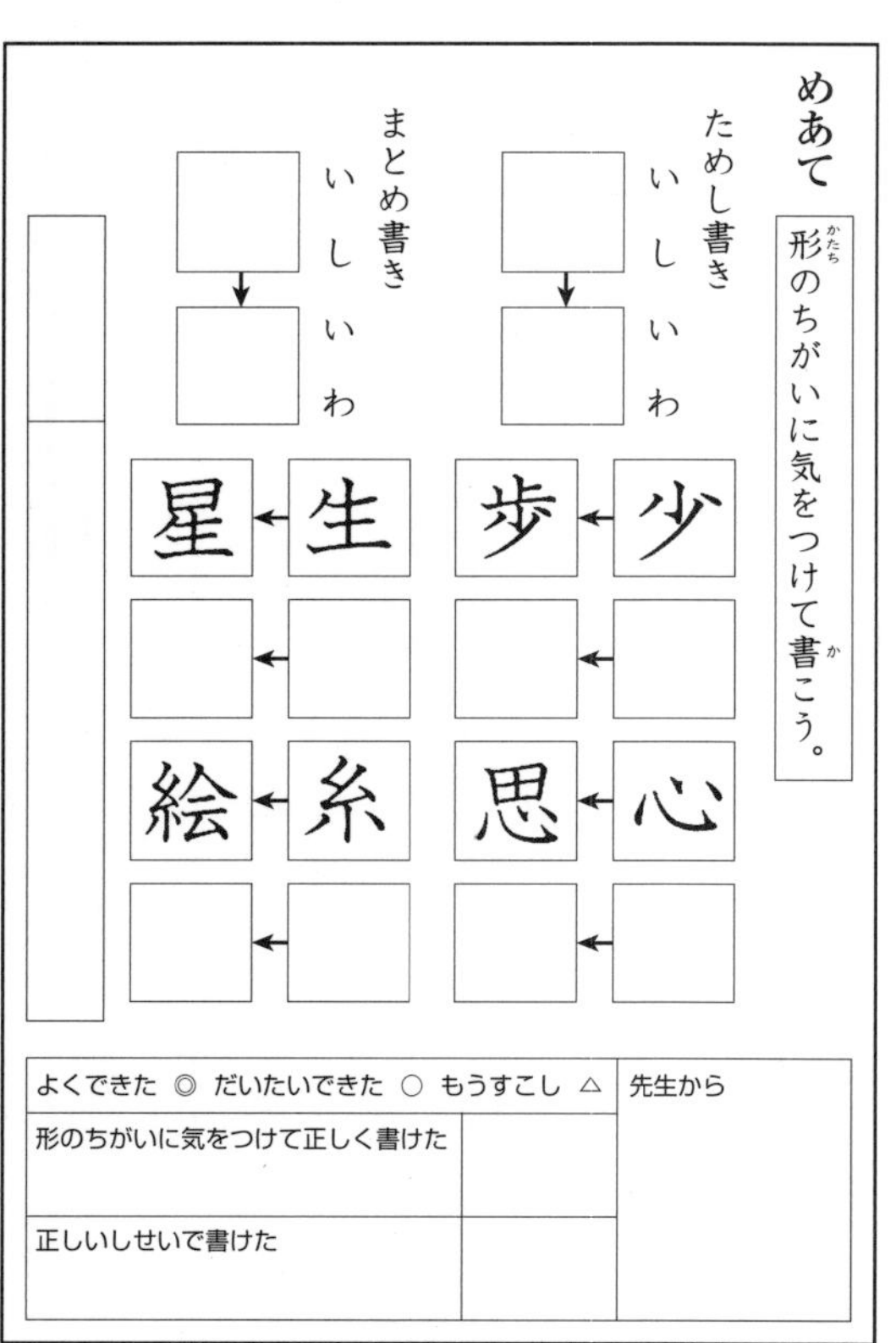

書写カード

年　組　氏名

《今日のめあて》

光

ポイント	自分	先生
① 筆をうかすようにして、ゆっくり曲がる		
② 筆のじくを回さない		
③ 一度止めて真上にはねる		
④ 字形		
自分⑤		

《今日のめあて》

《えんぴつでていねいに書こう》

◎「曲がり」と「はね」のある文字集め

◎中心に気をつけて『光』を使った文を書こう

のりしろ

2 中、高学年の評価カード

中学年から毛筆書写学習が始まる。ここでの評価カード作成のポイントは、

①毛筆と硬筆の関連を図ること。

②題材の指導時間（二時間扱いが多い）を考慮すること。

である。左図は、四年の導入期の題材であるが、一時間目は右側半分の毛筆中心、二時間目は左側半分の硬筆中心の練習カードを兼ねたものとなっている。

また、学年が上がるに従って評価の観点は児童個々に応じたものとなってくる。そこで、評価カードも次ページのように児童自らが書き込めるスペース（ここをこうし

書写カード　氏名

「かんむり」の形と大きさ、組み立て方に気をつけて書こう。

ここをこうしたいコーナー

竹笛

評	価
／	／
①	①
②	②
③	③

「竹笛」ためし書き　　まとめ書き

「たけかんむり」の使われている漢字

たい）をとったものの方が活用しやすい。

ここで気をつけたいことは、全体としてのめあての共通理解を図った上で、児童個々の課題を記入させることである。その際、観点は極力少なくし、焦点化を図りたい。上図では①～③までの多くても三つとした。

また、意識を広げるために漢字探しを最後のスペースに入れて、関心・意欲を高められるように配慮している。

3 書き初めの評価カード

書き初めの評価も半紙と同じ考え方で作成し、活用する。但し、「字配り」が課題の中心となることに気をつけさせたい。

書写カード　氏名

めあて　文字の大きさに気をつけて、字配りよく書こう。

ここを　こうしたい

中心

筆順に注意

世界を結ぶ

五年　矢口英二

ひらがなをやや小さく書く。

短くとめる

出す

字間をそろえる。

続けるつもりで。

まとめ書きをしたら評価しよう。

①

②

③

④

評定

評定とは、一時間、一題材、一単元、または一学期ごとに、観点別に評価してきたことを総合的にみて、その教科の到達度、理解度を判定するものである。

学習指導要領では、書写は国語科の中の言語事項に位置づけられている。そこで、当該学年の指導目標に照らし合わせて、「言語についての知識・理解・技能」の中に含めて、総合的に判断されるべきである。その際、前述してきた評価カード等を有効な判断材料として活用していただきたい。

［今関］

作品処理

掲示、展示の方法及び留意点

掲示、展示の方法

1 毛筆

①試し書きとまとめ書きとを並べて掲示することで、児童の変容を見取ることができる。（児童が試し書きの際に課題としたところがまとめ書きでどのように解決できているかに重点をおいて見ることができる。）

試し書き（下図・左）
（教材文字を見ないで書いた文字
→普段書いている文字）

まとめ書き（下図・右）
（課題にそって練習をして最後のまとめとして書いた文字）

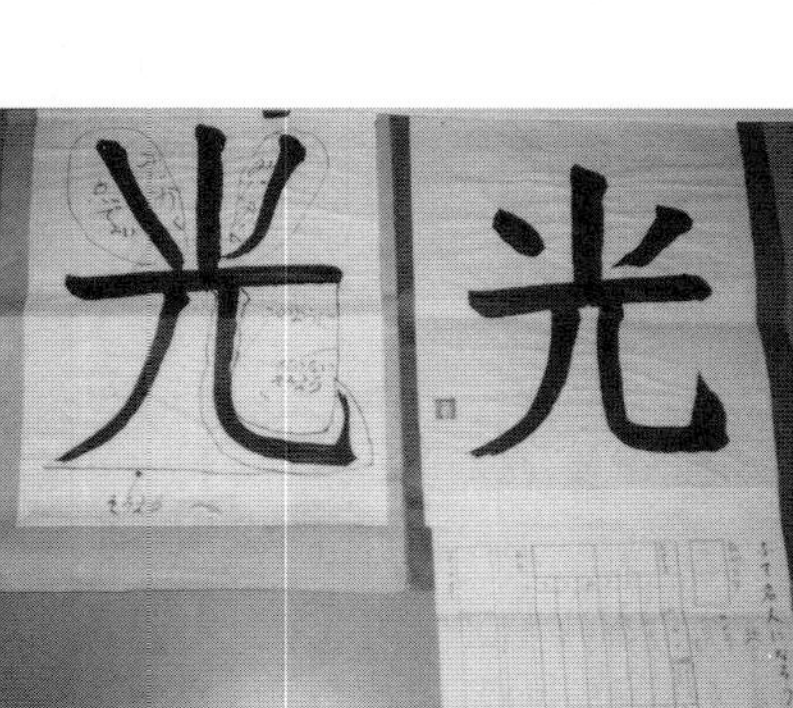

②壁面の関係でまとめ書きのみを掲示する方法もある。その際は、色画用紙（色の濃い、半紙の色に合う画用紙）を用意し、貼るようにする。半紙の上にのり付けをし、新しく学習して書いたものを次々と貼るようにする。学期ごとに整理をすれば児童の記録にもなる。

③まとめ書きの他、学習カードなども一緒に掲示すると、友だちにも本人の課題や成果がわかり、相互評価もし合える。

2 硬筆

○クリアファイルなどにまとめ書きをした学習カードなどを入れて掲示するようにする。特に低学年の場合、他の台紙などにのり付けをすると、時間がかかるので有効である。また毛筆同様、新しく学習して書いたものを次々と入れていくと記録にもなる。

留意点

1 朱書きで丸をつけたり直したりしたまとめ書きを掲示しない方がよい。まとめ書きは、本時のめあてや児童の課題にそって、教師や児童・友だちが評価するものである。評価の観点をはっきりさせた上で、児童のまとめ書きの変容を評価する際には、教師が学習カード等に一言入れたり、シールを貼ったりするなどの工夫をする。

2 半紙は薄く破れやすいので、児童の目線に掲示する際は、特に取り扱いの注意を指導しておく必要がある。

3 半紙を台紙などに貼るときに使用するのりは、チューブかカップに入っているでんぷんのりがよい。（スポンジでくっつけるのりは、乾いても、のりのあとがくっきりと半紙に残ってしまう。）

管理、保管の方法及び留意点

1 毛筆

①書写の授業中→墨汁で紙がぬれているため、書き進めた練習用紙やまとめ書きの保管には注意を払う必要がある。

ア、机の横にかける方法

●ボール紙の上に穴をあけ、ひもを通して、机の横にかけられるようにしておく。

●新聞紙を中に入れる。（5枚位）

●新聞紙のあいだに書いたものを次々に入れられるようにする。

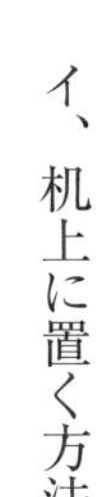

イ、机上に置く方法

●新聞紙を切り、ホッチキスなどでとめてバラバラにならないようにして、左側に置く。その上には教材文字を置くと、場所もとらず机上整理もできてよい。

②書写の授業終了後は、児童の学習の記録となるように工夫する。

ア、掲示する（前ページに記載してあるような掲示方法）

イ、しわになったり破れたりしないようにボール紙の間に入れておく。

ウ、練習用紙も含めてホッチキス等でとめておく。

2 硬筆

①掲示する（前ページに記載してあるような掲示方法）

②ボール紙に貼ったりファイルに綴じたりして学習の記録とし、常に振り返ることができるようにする。

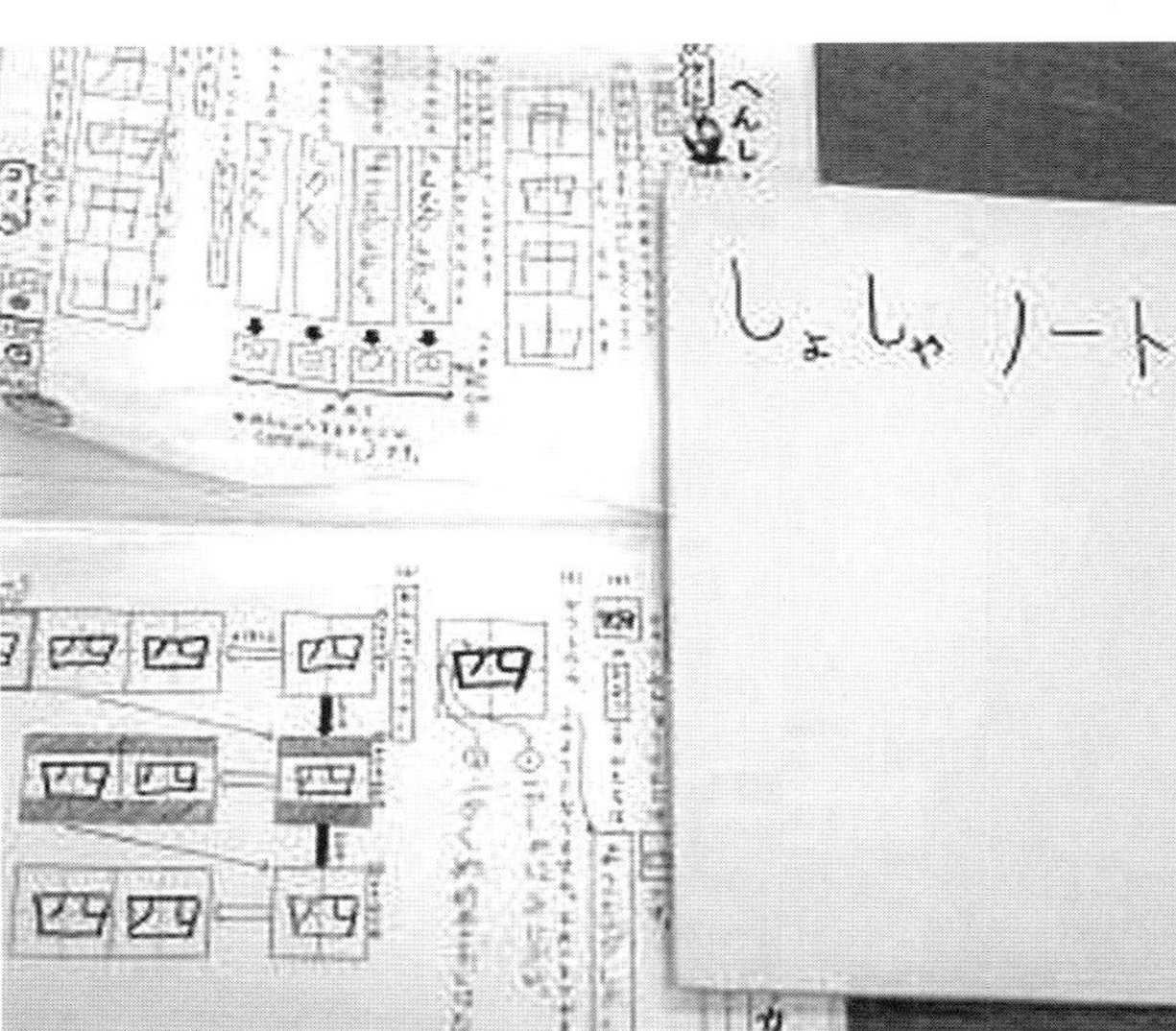

金丸

学習形態

学習形態とは、単位時間内における、主に教室内での教師の児童全体に対する一斉指導やグループ指導などの学習の場の形態をいう。

教室内（グループ別）の方法及び留意点

1 各練習コーナーを設けて、練習時には児童がいろいろな方法を選択し、意欲的に学習できるようにしていく。

①なぞりがきコーナー②すなばコーナー③はと目分解文字コーナー④チョークコーナー⑤うつしがきコーナー⑥水書シートコーナー

〈留意点〉文字の規準がはっきりわかるように、児童がつねに意識できる場所に教材文字を示しておく。

2 児童がそれぞれの課題に合った練習用紙を選択して、練習を進めていく。

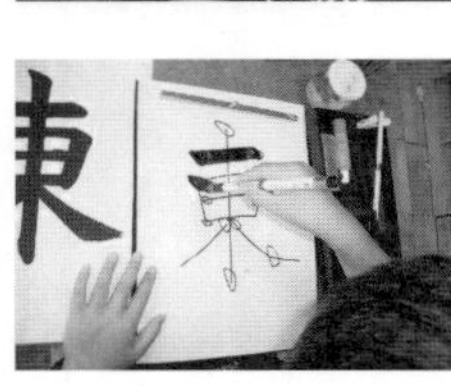

T・T（一教室内での例、二教室以上、課題別等）

❶ 一教室内での例

ア、事前に児童の課題を把握できる場合は課題別グループをつくり、教師は、それぞれのグループの支援や評価にあたる。

○硬筆例（単元名「文字のかたち」）

●月・円グループ　T_1

●四・山グループ　T_2

〈留意点〉児童机を課題別グループに並べ替え、教師が支援を行いやすくする。また、このような形態は児童にとっても、課題をつねに意識することになるので、有効である。

イ、教師が児童の課題を本時に把握する場合、色の付箋などの目印をもとにして、児童の課題にあった支援や評価をする。

○毛筆例（単元例「にょう　建設」）

・えんにょうの第一画めは、つくりより下げて書き始める、ということを課題にした児童→ピンク色の付箋　T_1

・えんにょうの第三画めの右はらいは、上にのる部分より長く書く、ということを課題にした児童→青色の付箋　T_2

〈留意点〉児童の机上に貼られた目印をみて、教師は児童の課題を把握するようにする。課題別に、T_1・T_2の役割を分担しないで、教室を半分に分けて（左右・前後等）、ゾーン別の支援・評価の方法もある。

評価

1. 主体的に自分の課題をみつける。
2. 課題にむけて意欲的に練習する。

①予想される課題
②選んだ課題
③評価

❷ 二教室での例

ア、教室によって課題を決め、児童は各教室で課題別に学習する。

イ、毛筆指導の際、基本的な筆使いが課題の児童には、別教室で練習できるようにする。

ウ、前記したいろいろな練習コーナーを二教室にわたり設ける。

［金丸］

8. それぞれのコースの学習課題を確認する	・本時の学習について説明する ・コースの課題についてもう一度確認する	・コースの課題についてもう一度確認する
9. 練習用紙を選び，練習する	・練習用紙の説明をする ・個別に指導，助言する	・練習用紙の説明をする ・個別に指導，助言する
10. 毛筆のまとめ書きをする	・基準についてもう一度確認する ・必要に応じて，示範する	・基準についてもう一度確認する ・必要に応じて，示範する
11. 前時のまとめ書きと比べ，成果を確認する	・互いに向かい合えるように机の向きを直させる ・互いのコースの課題に合わせて成果を認め合うよう助言する	・児童を指名する
12. 硬筆のまとめ書きをする	・毛筆で学習したことを硬筆に生かすことを助言する	・個別に指導，助言する
13. 自己評価カードを書く	・学習したことを普段の生活に生かすことを伝える	・児童の本時の努力を賞賛する

〈机の配置〉

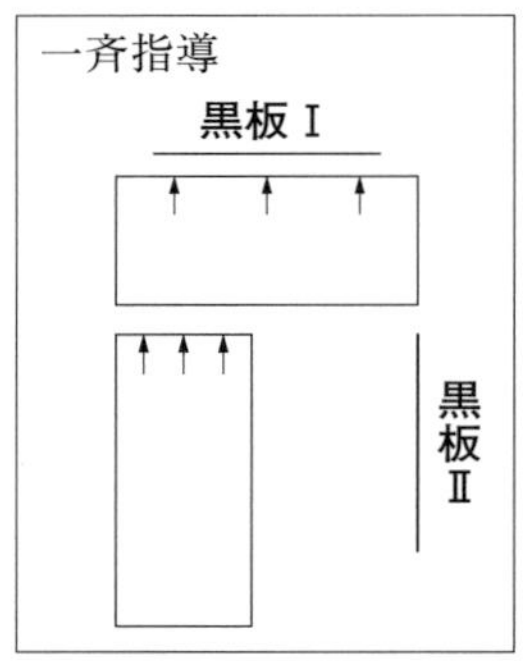

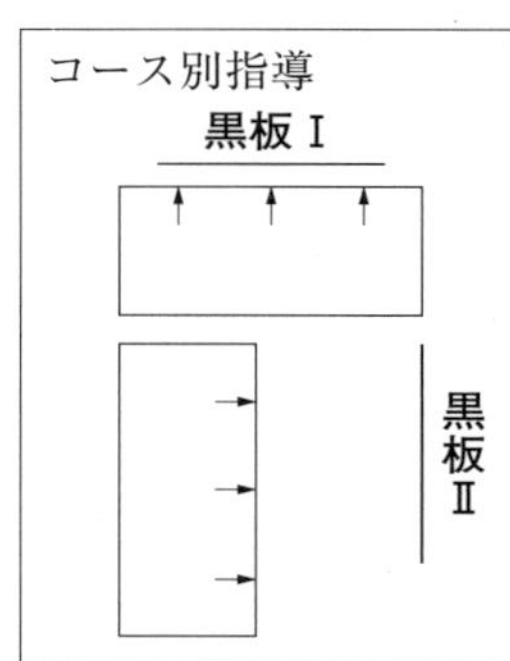

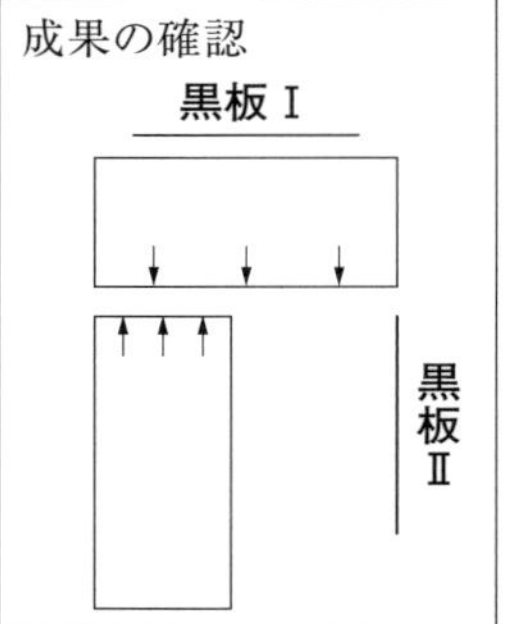

〈T_1・T_2の分担例〉

T_1	T_2
全体指導	個別指導
全体指導	指導補助
課題別グループ指導	課題別グループ指導
習熟度別グループ指導	習熟度別グループ指導
全体指導	指名
	評価

［土上］

指導案例 T・Tによる指導例（4年）

指導計画　ひらがな「はす」（2時間扱い）

1. 目標と評価

①「むすび」の筆使いを理解して，正しく書くことができる。
②「むすび」の形や大きさに気をつけて，字形を整えて書くことができる。

2. 展　開

学習活動	教師の支援	
	T_1	T_2
1. 学習のねらいを知る	「むすび」の筆使いに気をつけて、字形を整えて書こう	
	・学習活動について説明する	・ワークシートを配布する
2. 硬筆の試し書きをする	・基準の文字を見せないで書かせる	・机間指導する
3. 毛筆の試し書きをする	・基準の文字を見せないで書かせる	
4. 基準を知り，自分の文字と比較し，課題をつかむ	・「むすび」の筆使いと，字形について説明する	・水書板またはOHCで示範をする
5. 練習をする	・机間指導する	・練習用紙を配布する ・机間指導する
6. 本時のまとめ書きをする	・再度基準を確認する	・特に気をつける点について，示範をする
7. 試し書きと比べ，自分の課題をつかみ，次時のコースを選ぶ。	・まだ解決できていない自分の課題をつかめるよう助言する	・個別に助言する
	①「むすび」の筆使いを練習するコース	②「むすび」の形や大きさ，字形を練習するコース

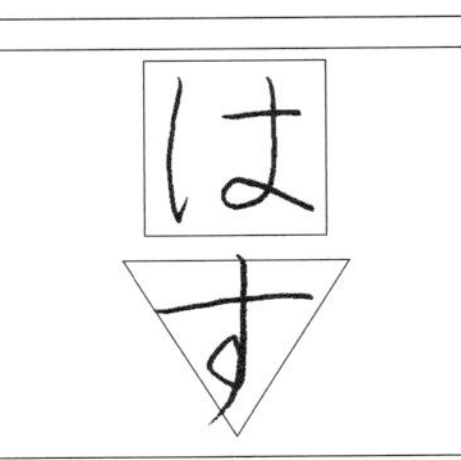

5. 本時の指導 (2～3/6)

①目　標

○ふれあい発表会を盛り上げるための工夫を考え，友達と協力して活動することができる。

○必要なものを自分たちで準備し，目的に応じた書き方や色使いを工夫したり，招待状をもらう相手のことを意識して文章を書いたりすることができる。

②展　開

＊T・Tで指導・支援できることが望ましい。

学習活動と内容	指導・支援上の留意点	資料・教具
1. 本時の全体のめあてを確認する ふれあい発表会を盛り上げるために、グループ内で協力し合って活動しよう		学習計画表
2. グループに分かれて，自分たちの活動を確認し，練習・作業に入る A. 看板グループ 校門3か所，玄関1か所の計4枚「平成十五年度ふれあい発表会会場」と書く B. 表示札グループ 「玄関・来賓控室・トイレ・○年会場・体育館入口・湯茶」等の表示をB4に必要枚数書く C. 招待状グループ 地域の敬老の方，調べ学習でお世話になった方等に招待状を書く D. ポスターグループ 「ふれあい発表会に来てね」という言葉を入れて，配置，色使いに気をつけてかく E. 装飾グループ 花紙で花を作ったり，カラー紙テープで飾ったりする 3. 途中で他のグループの活動を見てアドバイスをする ・自分たちの活動の合間に，他のグループの活動を見る時間を確保し，お互いにより良くなる視点でアドバイスカードを書く	・Aには，書写の字配りの学習を想起させながら，特に行の中心・字間に気をつけて練習するよう助言する ・Bには，書く文字数によって字間が大きく異なることに配慮させ，必要に応じて書写字典を活用するとよいことを知らせる ・A・Bで，苦手な文字は水書板で練習するよう促し，集中的に支援する ・Cには，国語の手紙文の学習を想起させながら，相手に応じた文字の大きさや日時・場所等の必要事項を落とさないように，注意を促したい。必要に応じて「招待状の書き方」のサンプルを配布する ・Dには，図工のポスター学習を想起させながら，色使い等はためし用紙にぬるとよいことを助言する ・Eには，どこにどの程度の装飾をするか，また文字は隠れないかを事前に確認するよう助言する	書写用具一式 字形シート 書写字典 マス目ロール紙 水書板 上質紙 招待状の書き方 ためし用紙 四切画用紙 花紙 紙テープ アドバイスカード
4. 本時のまとめと次時の確認をする ・次時は仕上げることを確認する	・アドバイスカードも参考にして次時のめあてをはっきりさせたい	学習計画表

今関

指導案例　総合的な学習の時間と書写の事例（6年）

1. 単元名

手作り「ふれあい発表会」を盛り上げよう

2. 単元について

秋も深まり，文化祭や学園祭がたけなわである。このような中，本校でも総合的な学習の時間や生活科等の学習成果の発表の場として「ふれあい発表会」が実施される。

そこで，上級生としてふれあい発表会を側面から盛り上げるための手立てを話し合い，看板や諸表示，招待状，ポスター等を自分たちの手で作成しようということになった。日頃の国語や書写，図工の学習の発展として，自分たちの手書き文字で作成し，ふれあい発表会を盛り上げていくということから本単元を設定した。

この単元の学習を通して，自分たちで企画し課題を見つけ，それを実践しながら解決していく力を育てていきたいと考える。

3. 単元の目標

○発表会を盛り上げるための方策を話し合い，そのための課題を見つけ，解決していく力を身につける。

○書写や図工の学習で身につけた力を生かし，字配りや配列，色使い，紙面への構成を考えながら，看板や表示札，招待状，ポスターをかくことができる。

4. 指導計画

6時間扱い

時間 学習形態	主な学習活動と内容	教科との関連
第1時 (45分) 一斉 グループ	○「ふれあい発表会」を盛り上げるために，自分たちができることを話し合う ・看板　・表示札　・招待状　・ポスター　・装飾 ○グループ分けをして，準備計画を立てる	
第2・3時 (90分) グループ 〈本時〉	○グループに分かれて，準備をしたり，練習をしたり，下書きをしたりする ○他のグループに見てもらったり，アドバイスをしてもらったりする	国語；招待状を書く 書写；字配り・配列（横書きも含めて） 図工；みんなに伝えよう（ポスター）
第4・5時 (90分) グループ	○グループに分かれて，まとめ書きをしたり，色をぬったりして仕上げる ○仮掲示したり，少し遠くから見たりして，修正する点はないかを検討し，必要に応じて修正または書き直しをする	
第6時 (45分) 一斉 グループ	○作成したものをお互いに見合い，よくできている点を認め合う ○招待状を発送したり，諸表示を掲示したり，装飾したりして「ふれあい発表会」を盛り上げる準備する	

5. 参考資料

① 黒板の状態（みんなのめあては……） ※□は，名前マグネット

各自の課題を常に把握するための手段として以下の例があげられる。

男女で色分けをしたマグネットの表面に児童各自の名前を書く。本時のめあてとしたいことは何かを確認した上で，自分で取り組みたいめあての位置に名前マグネットを貼る。めあてを解決した後など，自己課題を授業開始時よりも変更したい場合はマグネットを縦向きにして，適切な位置に貼り直す。

（Aさんの場合…自分のめあては「筆使い」であり，共通のめあてとともに気をつけて練習したい状況のため，横向きに貼る。共通のめあてとともに自分のめあてを解決後，新たに「字の外形」に気をつけたいため，名前マグネットを縦向きにして適切な位置に貼り直す。）

みんなのめあては…
B
筆使い
A
共通のめあて
組み立て方に気をつけて書こう。
C
文字の中心
字の外形
A
その他

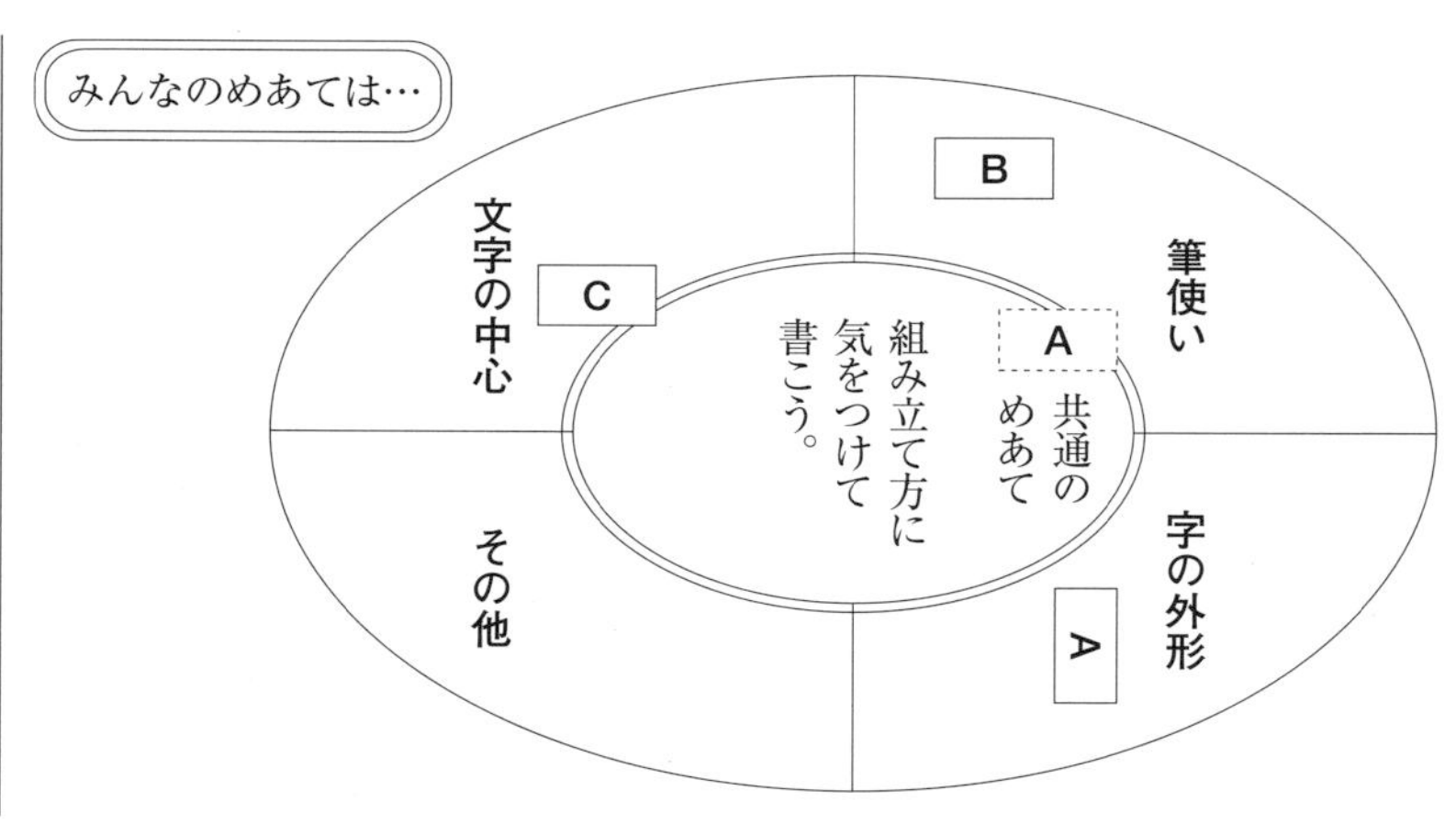

② 書写カード

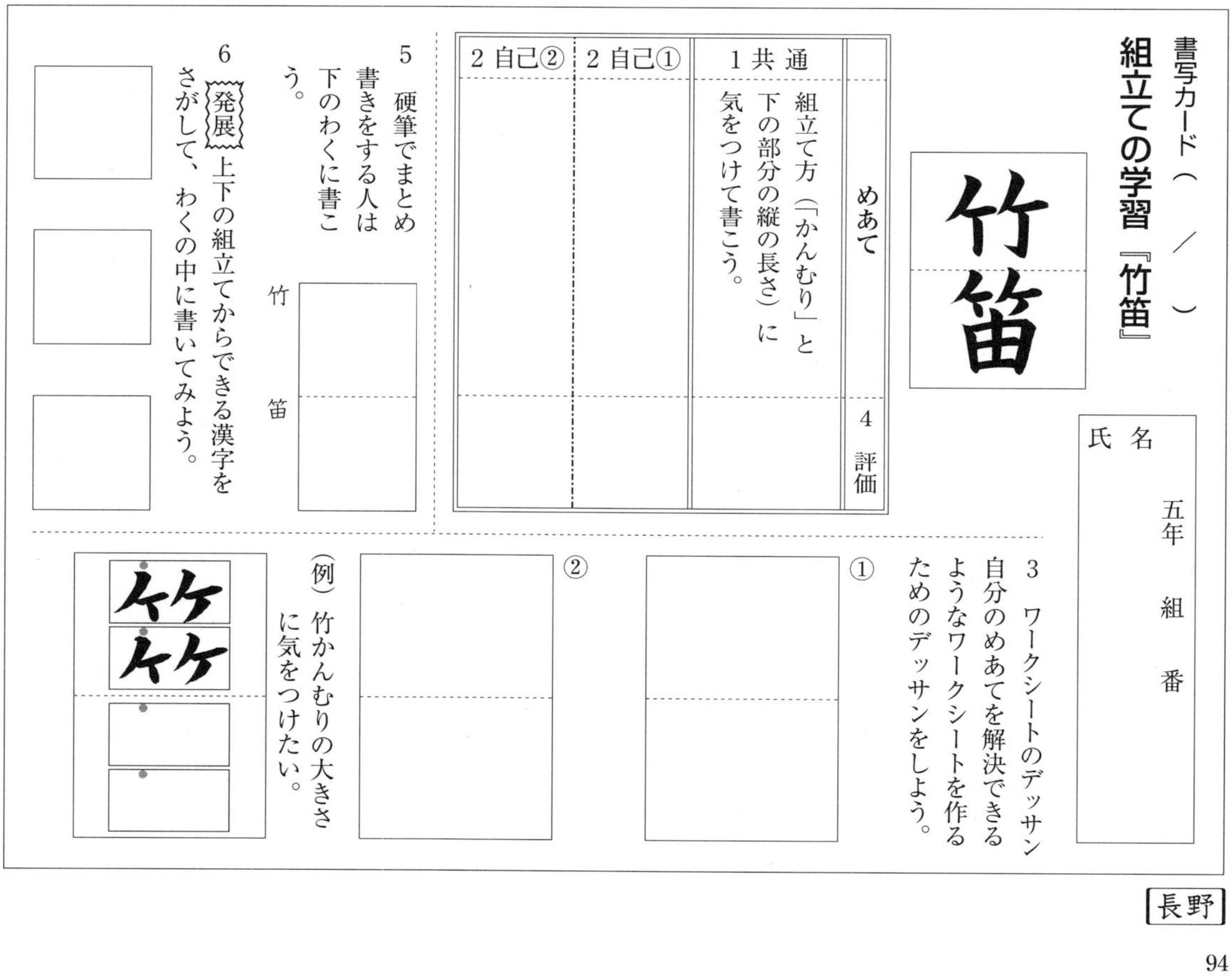

書写カード（　／　）
組立ての学習『竹笛』
竹笛
氏名
五年　組　番
めあて
1 共通
組立て方（「かんむり」と下の部分の縦の長さ）に気をつけて書こう。
2 自己①
2 自己②
4 評価
3 ワークシートのデッサン
自分のめあてを解決できるようなワークシートを作るためのデッサンをしよう。
①
②
(例) 竹かんむりの大きさに気をつけたい。
5 硬筆でまとめ書きをする人は下のわくに書こう。
竹
笛
6 発展 上下の組立てからできる漢字をさがして、わくの中に書いてみよう。

長野

7. 2次練習	7. 各自のめあてに沿って2次練習する	7. 課題を常に意識して練習しているかを観察し，助言する	7. めあてを解決しようと練習しているか
8. まとめ	8. 毛筆または硬筆で『竹笛』を書く	8. めあてに沿ってまとめ書きをするように指示する **（5. 資料② 参照）**	8. 意欲的に取り組めたか
まとめに使用する用具を選択			
9. 自己評価	9. 各自のめあてに対してカードに自己評価する	9. 試書と比較し，カードの自己評価欄に○・△の記号で記入するように促す	9. 適切に自己評価しているか
10. 発展学習	10. 上下の組立てを持つ漢字を探して，カードの発展欄に鉛筆で書く	10. 本時の学習を硬筆に生かすように意識づける	10. 毛筆の学習を生かせたか
11. 次時の予告及び後片づけ	11. 次時は他の教材で組立ての学習をすることを知る。 ○後片づけをする	11. 次時の予告をする。硬筆を忘れずに用意するように伝える ○協力して後片づけをするように促す	11. 次時の学習に対して関心を持っているか ○協力して後片付けをしているか

④評　価

○「かんむり」と下の部分のゆずり合いを理解して，字形を整えて書くことができたか。

○毛筆または硬筆のいずれかを選択して，まとめを書くことができたか。

※実践にあたって

この実践例は5年生のものであるが，当該時間の指導内容をいかに児童をして学習の主体となさしめる授業にするかという観点に立てば，次頁「5. 参考資料」の①に示す方法は，低，中学年の学習指導においても取り入れることのできる方法である。

この指導案の中で，4の「課題選択」の際と6の「自己批正」の後のそれぞれの時点において，児童が，そのままマグネットを変えずに練習したのか，2次練習以降位置を変えて（例, A → A）行ったことを記録するか，二つの場面をそれぞれデジタルカメラ等で撮っておくと，児童の学習の動き，とくに自己課題に沿って学習の主体化がなされたかどうかをこまかく観察できるので，学年の発達段階に応じて工夫して実践していただきたい。

また，5の「1次練習」の際に，次頁の「書写カード」の3の①と②で練習用紙（ワークシート）に，児童が毛筆練習のための簡単なデッサンを描くことは，以下に示すねらいがある。

①本時の「竹笛」という毛筆教材を通して，学習の目標を達成するための具体的方法が，共通または自己課題を解決することにつながっているかどうか。②第1次，第2次練習後の自己批正の際の資料として。③まとめ書きや学習後の自己の学習を評価する際の資料として。④教師が学習指導計画を検証する際の資料として。

その他，学期や年間の学習計画を振り返って，児童の学びの内容や伸度を裏づける資料として活用することができる。

	めあて…1「かんむり」と下の部分の縦の長さの関係を見つけよう 2 1を生かして字形を整えて書こう		
3. 規準確認	3. 教材文字と前時のまとめ書きを比較し，気がついた点を発表する ○字形が整うために点画がゆずり合うことをOHPまたはOHCを見て理解する	3. 単独文字を上下に並べたものと，「かんむり」と下の部分に変化した文字を組み合わせた複合文字とを比較することで，字形を整えるための一助にする	3. ゆずり合うために必要なことを考えることができたか ○進んで発表することができたか
	〜規　準〜 ①6画目の終筆は3画目の終筆の高さとそろえる ②9画目の「丨」は文字の中心を通り、始筆は竹かんむりにぶつからないところに置く 		
4. 課題選択	4. 試書を規準に照らし合わせ各自の本時の自分のめあてを決める ○各自がめあてとする場所に，名前マグネットを貼る	4. 課題を把握・確認するため，黒板の「みんなのめあては……」の適切な場所に各自が名前マグネットを横に貼るように促す（**5. 資料①　参照**）	4. 自分に適しためあてを選択しているか
5. 1次練習	5. 練習用紙（ワークシート）を作るための簡単なデッサンを書写カードに書く ○めあてに合わせて練習用紙（ワークシート）を作成し練習する	5. デッサンの書き方が分からない場合は，書写カードの例を参考にするようにうながす ○規準確認で使った分解文字やOHPや水書板などを練習の場として開放する	5. 課題にそって，デッサンを書くことができたか ○デッサンにそって練習用紙を作成できたか
6. 自己批正	6. めあてに対し，規準と照らして自分で確認する 解決できている場合：○めあてを新たに設定し、練習する 解決できていない場合：○継続して練習する	6. 自己批正し，めあてを解決できていれば，次の課題の箇所に名前マグネットを移動させ，縦に貼るように指示する（**5. 資料①　参照**）	6. 自分の文字に向き合うことができているか

指導案例 書写カードを使った学習の事例（5年）

1. 単元名

三、文字の組立て方（一）

2. 単元の目標

①「かんむり」と下の部分の縦の長さに気をつけて字形を整えて書くことができる。
② 自分の課題に沿った学習方法を選び，字形を整えて書き，自己の学習を評価することができる。

3. 単元の学習計画

〔4時間配当2時間目〕

○「かんむり」や「あし」になると点画や字形が変化することを理解して書くことができる。
○「かんむり」と下の部分のゆずり合いを理解して，字形を整えて書くことができる。
○自分のめあてに合った教材を選んで，単独文字が複合文字になったときの字形の変化を理解して書くことができる。
○上下の組み立て方をはじめ組み立て方に注意して書く文字を探して書くことができる。

4. 第二時の学習指導の展開

①題　材　三、文字の組み立て方（一）　①「かんむり」と下の部分

②学習目標

○「かんむり」と下の部分のゆずり合いを理解して，字形を整えて書くことができる。
○自己の課題に沿った学習方法を選択してまとめを書き，自己の学習を評価することができる。

③展 開 例

学習事項	学習活動	指導支援上の留意点	評価の観点
1. 前時の確認	1. 前時の学習は，「「笛」の字の「⺮」と「由」をうまく組み合わせるためのひみつを見つけよう。」だったことを思い出す	1. 上下を組み合わせるために点画の変化が起きたことを想起できるようにする ○教材の拡大文字（教材文字）を黒板に貼る	1. 前時の学習を想起できたか
2. 目標の把握	2. 前時のまとめ書きを机上に用意する ○本時の学習内容が字形を整えるための「ゆずり合い」の学習であることを知る	2. 本時は試し書きをせず，代わりに前時のまとめ書きを使用することを伝える	2. 本時の目標をつかもうとしたか

マスを用意したものと，枠だけのもの　2種類の用紙を用意して実態調査をした。マスがあると，文字の大きさが揃いがちである。文字相互の関係ではなく，マスと文字の関係で大きさを決めてしまうためであろう。

5. 本時の指導

①目　標

・文字相互の大きさを考え，字形を整えて書くことができる。

・課題に合わせてコースを選び，進んで課題を解決することができる。

②展　開

段階	学習活動　学習内容	指導と援助
気付く	・硬筆で「登る」「白鳥」を試書する ・本時の課題をつかむ 文字の大きさに気をつけて読みやすく書こう	・はつがしらの筆順を空書で確認する
わかる	・本時の規準について話し合う 漢字より平仮名をやや小さく書く。 閉鎖型は小さく　開放型は大きく 画数が多ければ大きく　少なければ小さく	・同じ大きさに書いた例を用意し，規準に気づかせたい 日本　歌う
	・試書を批正し，自分の課題を決める	・試書や規準学習から，文字の大きさについての課題がもてるように意識を向ける
	・「登る」コース　「白鳥」コース のどちらかを選ぶ。	・迷っている児童にはコースの助言をする
すすめる	・課題を解決するために，練習用紙を作ったり，選んだりする	・課題にそった練習ができるよう助言する
	・練習する	・透明シートに枠を書いたものを用意し，練習した紙の上において大きさを確かめられるようにする
	・自己批正し，課題が解決できているかを確かめる	・批正の観点や内容が正しいかどうか確認する
まとめる	・選んだ課題のまとめ書きをする ・自己評価をする ・試書と比べてよくなったところをグループで相互評価する ・硬筆で練習する ・次時の予告を聞く	・それぞれのコースの学習成果を紹介し，賞賛する ・グループの形態については課題別，混合どちらでもよい（それぞれよさがある）

永島

指導案例　課題解決型学習の事例（コース別）（5年）

1. 単元名

文字の大きさ　「登る」「白鳥」

2. 単元の目標

① 課題に合わせてコースを選び，進んで課題を解決することができる。
② 文字相互の大きさを考えて，見やすく，読みやすい言葉や文を書くことができる。

3. 指導計画

2時間

時	主な学習活動と規準	備考
1	・文字の大きさに気をつけて読みやすく書く ・「登る」コース（漢字と平仮名）　「白鳥」コース（漢字と漢字） のうち，どちらかを選んで学習する 規準　① 漢字より平仮名をやや小さく書く ② 漢字どうしでは，文字の形と画数の関係で大きさが決まる場合が多い ・例えば，画数が少なくて「日」や「口」のように文字の周囲を画で囲む字形になる文字は，全体が小さくなる（閉鎖型）。その反対に，「本」や「人」のように文字の周囲を囲む画がなく，その文字から画がひろがっていくイメージの文字は，全体が大きくなる（開放型）。 日本　人口 ・一般的に画数が少ない多いによって，前者は小さく，後者は大きくなる文字が多い（少ない：自，工／多い：然，場） 世界	本時
2	・文字の大きさに気をつけて「登る」「白鳥」を硬筆で書く ・文字の大きさに気をつけて「世界を結ぶ」を硬筆で書く 規準　① 漢字より平仮名をやや小さく書く ②「世」は字画が少ないので小さめに書く	

4. 児童の実態

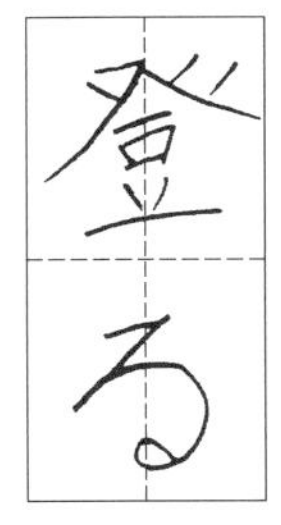

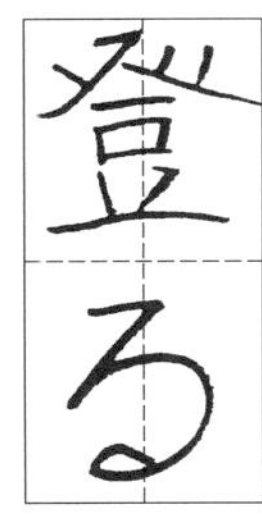

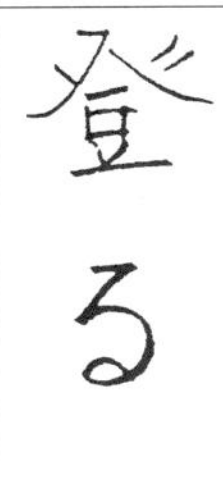

5. 本時の指導

①目　標

「おれ」の方向，接し方に気をつけて「口」を正しく書くことができる。

②展　開

段階	学習活動 学習内容	指導と援助
気付く	・「口」を試書する ・本時の課題をつかむ 「おれ」の方向，接し方に気をつけて「口」を正しく書こう	・半紙の上半分に「口」を試書するように伝える
わかる	・本時の基準について話し合う 「口」の縦画部分はやや中へ折れる 1画めと3画めの終筆は少し出る 横画は中心線から同じ長さになる ・試書を批正し，自分の課題を決める 課題カード例 共通課題　「おれ」の方向、接し方に気をつけよう　○ ○ ◎ 自分の課題　・縦画を内側へいれる　△ ○ ◎ ・中心に気をつける　◎ ◎ ◎ 評価	・観点を分かりやすく示す ・児童が陥りやすい例をあらかじめ筆で書いておく 口
すすめる	・課題を解決するために，練習用紙を作ったり，選んだりする ・練習する ・自己批正し，課題が解決できているかを確かめる	・課題にそった練習ができるよう助言する ・筆使い練習コーナーを設置して支援する ・批正の観点や内容が正しいかどうか確認する
まとめる	・「口」のまとめ書きをする ・自己評価をする ・試書と比べてよくなったところをグループで相互評価する ・硬筆で練習する ・次時の予告を聞く	・半紙の下半分に「口」のまとめ書きをするよう伝える ・学習の成果を確認し，賞揚する ・「口」「中」など基準が同じ文字を示す ・次時は火口のまとめをすることを伝える

永島

指導案例 毛筆入門期の事例（3年）

1. 単元名

点画の方向 「火口」

2. 単元の目標

① 姿勢や，筆の持ち方に気をつけながら，進んで課題を解決することができる。
②「点」「はらい」「おれ」の方向の違いがわかり，正しい筆使いで書くことができる。
③ 字形を整えて「火口」を書くことができる。

3. 指導計画

3時間

時	主な学習活動と規準	備考
1	・「火」の点やはらいの方向に気をつけて書く 規準 ① 1画めと2画めは，対応するように内側へ短く書く ② 左払いは「点」を通り過ぎてから曲がり，1画めより外へ広がるように払う	
2	・「口」のおれの方向に気をつけて書く 規準 ①「口」の縦画部分はやや中へ折れる ② 1画めと3画めの終筆は少し出る	本時
3	・「点」「はらい」「おれ」の方向に注意して「火口」のまとめ書きをする （毛筆）（硬筆） 規準 「火」「口」ともに中心線で左右対称となる	

4. 児童の実態

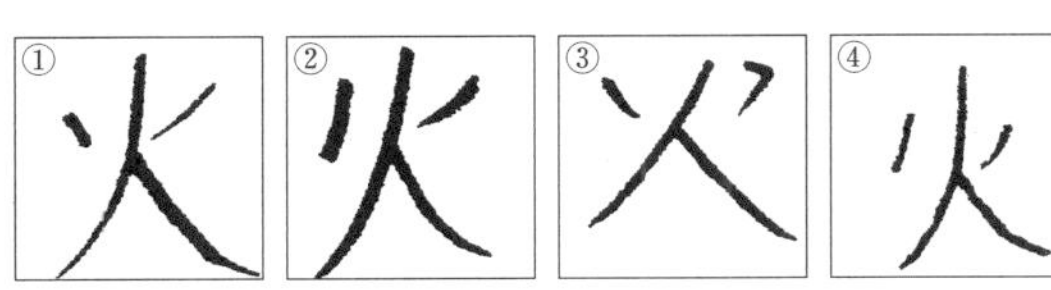
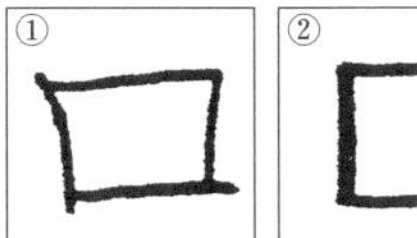
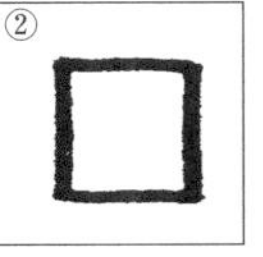

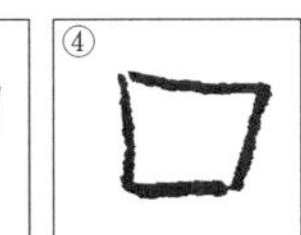

①点画の方向が正しく書けている。 11名
②1画めの方向が誤っている。 3名
③3画めの払いの方向が誤っている。 2名
④2画めが1画めとならぶ。または下がる。18名

①画の方向，終筆の接し方が正しい。 2名
②縦画が内側に入っていない。 6名
③終筆の接し方が誤っている。 27名
④口の中心がずれる。 10名

6. 発見した文字の形のひみつを「ひみつはっけん・れんしゅうカード」（学習カード）に記入し，発表する	・文字を整えて書くときの手がかりとなる事柄を押さえられるようにする
7. 自分の課題にそって練習する	・自分の課題とする文字の練習用紙を使って，練習できるようにする ・月・四・円・山それぞれのグループに分かれて学習できるようにする
8. まとめ書きをする	・課題にそって丁寧に書けるようにする
9. 自己評価，相互評価をする	・「たしかめシート」を使って，評価できるようにする （たしかめシート＝概形を印刷したTPシート） ・自分や友達の良くなったところを見つけ，「へんしんカード」に記入したり，友達に伝えられるようにする ・児童が書いた文字を実物投影機で示して，お互いの成果が確かめられるようにする
10. 次時の学習内容を知る	・既習の漢字の中から概形が似ている仲間を探して書く ・展覧会にむけて，自分の作品の名札を字形に気をつけて書く

・かたちめがねの写真（板書例）

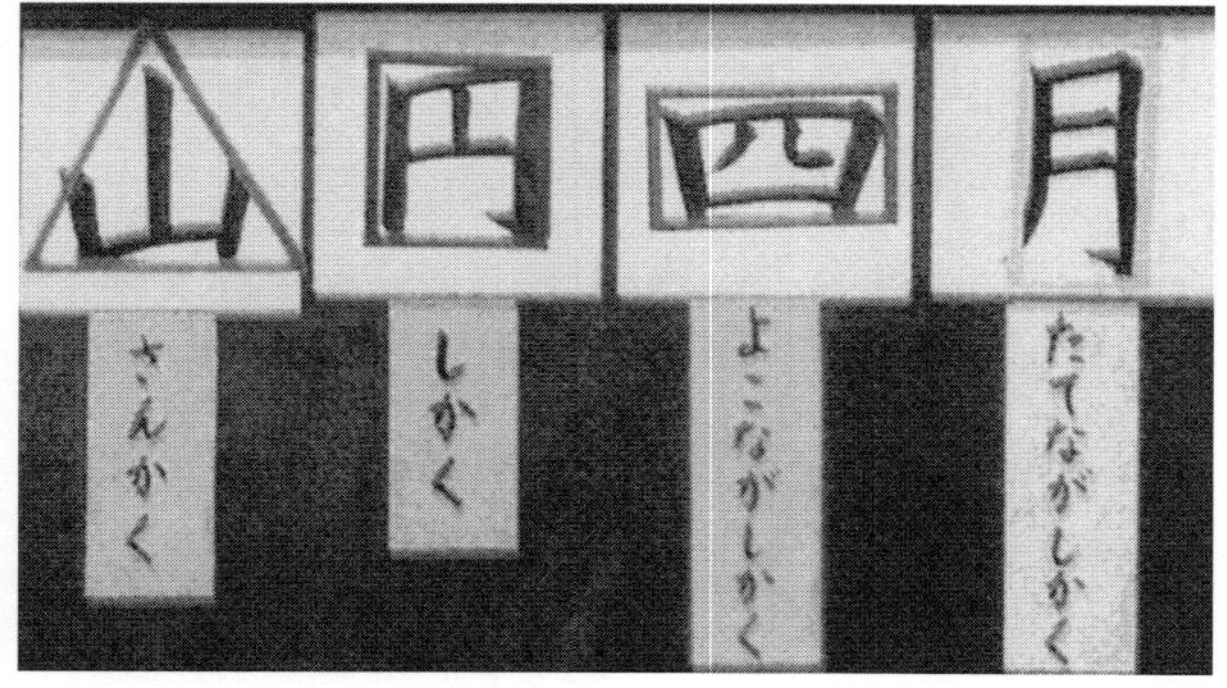

・「たしかめシート」を使った自己評価の様子

たしかめシート

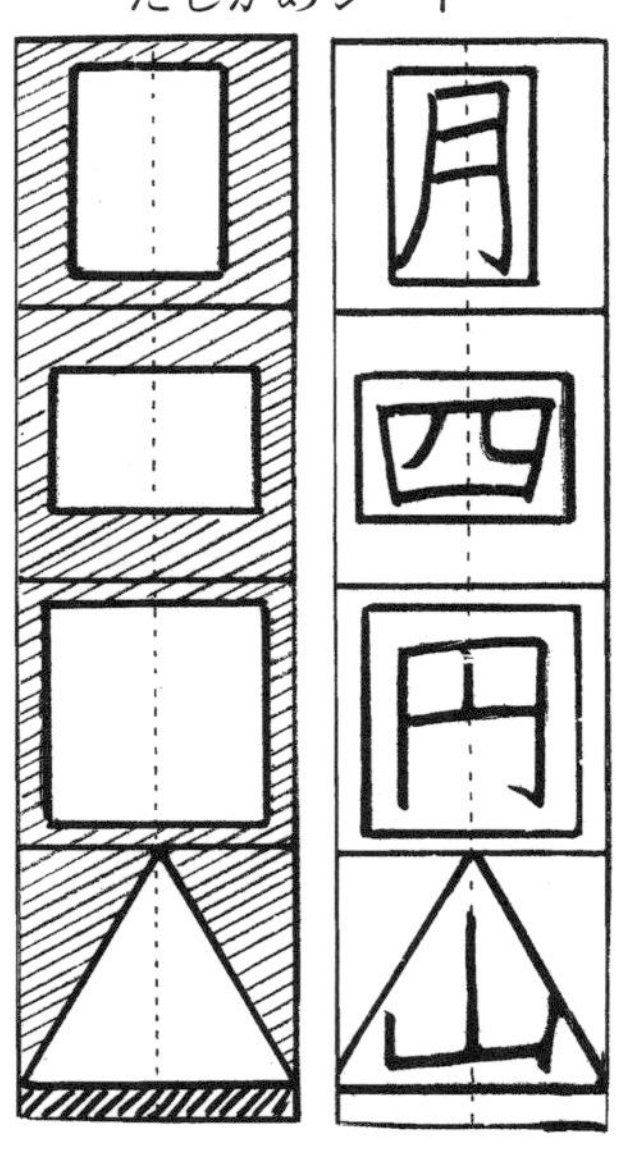

金丸

指導案例　硬筆入門期の事例（1年）

1. 単元名

かんじをかいてみよう――じのかたちのひみつをみつけよう――

2. 単元の目標

① 漢字の点画や漢字と片仮名の概形・筆順に注意して進んで書こうとする。（関心・意欲・態度）
② 漢字の点画や漢字と片仮名の概形・筆順を理解して書く。（知識・理解）
③ 漢字の点画や漢字と片仮名の概形・筆順に注意して，語句・文を書けるようにする。
（生活の中に生かす）

3. 本時の指導

①目　標
・漢字の概形に気をつけて，漢字を書くことができる。
・自分や友達の課題についてよくなったところをみつけることができる。

②展　開

学習活動	学習内容
1. 学習のめあてを知る	・児童が文字の形について学習していくことがわかるようにする
じのかたちのひみつをみつけ，かたちにきをつけてかんじをかこう	
2. ウォーミングアップをする	・姿勢や鉛筆の持ち方の確認ができるようにする
3. 文字の形には，四角（正方形）・縦長四角（長方形）・横長四角（長方形）・三角（三角形）があることを確認する	・月・四・円・山の四文字を教材文字とし，文字の形を考えられるようにする ・教師が黒板で「かたちめがね」を使い，児童が概形を確かめられるようにする （かたちめがね＝概形をマグネットシートでかたどったもの）
4.「へんしんカード」（学習カード）に自分のめあてを記入する	・前時に試し書きをした文字（月・四・円・山）の中から自分の課題とする文字を選べるようにする ・自分のめあてを明確にできるようにする
5. 字形に気をつけながら，分解文字の操作をする	・書き始めや画の長さ，文字の中心に注目できるようにする ・どうしたら，よい字形になるのか考えられるようにする

#［参考］学年別配当漢字の筆順

第一学年（八〇字）

番号	漢字	筆順
1	一	一
2	右	ノ ナ 𠂇 右 右
3	雨	一 丆 币 雨 雨
4	円	丨 冂 円 円
5	王	一 丅 干 王
6	音	丶 亠 亣 立 音 音
7	下	一 丅 下
8	火	丶 丷 少 火
9	花	一 艹 艹 艹 芢 花
10	貝	丨 冂 冃 目 貝 貝
11	学	丶 丷 ⺍ ⺍ 学 学
12	気	ノ 𠂉 𠂉 气 気 気
13	九	ノ 九
14	休	ノ 亻 仁 什 休 休
15	玉	一 丅 干 王 玉
16	金	ノ 人 亼 全 余 金
17	空	丶 宀 穴 空 空 空
18	月	丿 冂 月 月
19	犬	一 ナ 大 犬
20	見	丨 冂 冃 目 目 見
21	五	一 丆 五 五
22	口	丨 冂 口
23	校	一 十 木 木 杧 校 校
24	左	一 ナ 左 左 左
25	三	一 二 三
26	山	丨 山 山
27	子	乛 了 子
28	四	丨 冂 冂 四 四
29	糸	く 幺 幺 糸 糸 糸
30	字	丶 宀 宀 字 字
31	耳	一 丅 下 耳 耳
32	七	一 七
33	車	一 亍 百 亘 車
34	手	一 二 三 手
35	十	一 十
36	出	丨 屮 屮 出 出
37	女	く 女 女
38	小	亅 小 小
39	上	丨 卜 上
40	森	一 十 木 木 森 森
41	人	ノ 人
42	水	亅 刁 才 水
43	正	一 丅 下 正 正
44	生	ノ 𠂉 牛 牛 生
45	青	一 十 龶 龶 青 青
46	夕	ノ ク 夕
47	石	一 丆 不 石 石
48	赤	一 土 土 赤 赤 赤
49	千	ノ 二 千
50	川	ノ 川 川
51	先	ノ 𠂉 牛 生 先 先
52	早	丨 口 日 旦 早
53	草	一 十 艹 苜 莒 草
54	足	口 口 足 足 足
55	村	一 十 木 木 村 村
56	大	一 ナ 大
57	男	丨 冂 田 田 男 男
58	竹	ノ 𠂉 亇 竹
59	中	丨 冂 口 中
60	虫	冂 口 中 虫 虫
61	町	冂 罒 田 田 町
62	天	一 二 天 天
63	田	冂 冂 田 田
64	土	一 十 土
65	二	一 二
66	日	丨 冂 日 日
67	入	ノ 入
68	年	ノ 𠂉 𠂉 午 年 年
69	白	ノ 白 白 白 白
70	八	ノ 八
71	百	一 丆 百 百 百
72	文	丶 亠 ナ 文

番号	漢字
73	木
74	本
75	名
76	目
77	立
78	力
79	林
80	六

第二学年（一六〇字）

番号	漢字
1	引
2	羽
3	雲
4	園
5	遠
6	何
7	科
8	夏
9	家
10	歌
11	画
12	回
13	会
14	海
15	絵
16	外
17	角
18	楽
19	活
20	間
21	丸
22	岩
23	顔
24	汽
25	記
26	帰
27	弓
28	牛
29	魚
30	京
31	強
32	教
33	近
34	兄
35	形
36	計
37	元
38	言
39	原
40	戸
41	古
42	午
43	後
44	語
45	工
46	公
47	広
48	交
49	光
50	考
51	行
52	高
53	黄
54	合
55	谷
56	国
57	黒
58	今
59	才
60	細
61	作
62	算
63	止
64	市
65	矢
66	姉
67	思
68	紙
69	寺
70	自
71	時
72	室
73	社
74	弱
75	首
76	秋

77	78	79	80	81	82	83	84	85	86	87	88	89	90	91	92	93	94	95	96	97	98
週	春	書	少	場	色	食	心	新	親	図	数	西	声	星	晴	切	雪	船	線	前	組

99	100	101	102	103	104	105	106	107	108	109	110	111	112	113	114	115	116	117	118	119	120
走	多	太	体	台	地	池	知	茶	昼	長	鳥	朝	直	通	弟	店	点	電	刀	冬	当

121	122	123	124	125	126	127	128	129	130	131	132	133	134	135	136	137	138	139	140
東	答	頭	同	道	読	内	南	肉	馬	売	買	麦	半	番	父	風	分	聞	米

141	142	143	144	145	146	147	148	149	150	151	152	153	154	155	156	157	158	159	160
歩	母	方	北	毎	妹	万	明	鳴	毛	門	夜	野	友	用	曜	来	里	理	話

第三学年（二〇〇字）

番号	漢字
1	悪
2	安
3	暗
4	医
5	委
6	意
7	育
8	員
9	院
10	飲
11	運
12	泳
13	駅
14	央
15	横
16	屋
17	温
18	化
19	荷
20	界
21	開
22	階
23	寒
24	感
25	漢
26	館
27	岸
28	起
29	期
30	客
31	究
32	急
33	級
34	宮
35	球
36	去
37	橋
38	業
39	曲
40	局
41	銀
42	区
43	苦
44	具
45	君
46	係
47	軽
48	血
49	決
50	研
51	県
52	庫
53	湖
54	向
55	幸
56	港
57	号
58	根
59	祭
60	皿
61	仕
62	死
63	使
64	始
65	指
66	歯
67	詩
68	次
69	事
70	持
71	式
72	実
73	写
74	者
75	主
76	守
77	取
78	酒
79	受
80	州
81	拾
82	終
83	習
84	集

番号	漢字
85	住
86	重
87	宿
88	所
89	暑
90	助
91	昭
92	消
93	商
94	章
95	勝
96	乗
97	植
98	申
99	身
100	神
101	真
102	深
103	進
104	世
105	整
106	昔

番号	漢字
107	全
108	相
109	送
110	想
111	息
112	速
113	族
114	他
115	打
116	対
117	待
118	代
119	第
120	題
121	炭
122	短
123	談
124	着
125	注
126	柱
127	丁
128	帳

番号	漢字
129	調
130	追
131	定
132	庭
133	笛
134	鉄
135	転
136	都
137	度
138	投
139	豆
140	島
141	湯
142	登
143	等
144	動
145	童
146	農
147	波
148	配
149	倍
150	箱

番号	漢字
151	畑
152	発
153	反
154	坂
155	板
156	皮
157	悲
158	美
159	鼻
160	筆
161	氷
162	表
163	秒
164	病
165	品
166	負
167	部
168	服
169	福
170	物
171	平
172	返

番号	漢字
173	勉
174	放
175	味
176	命
177	面
178	問
179	役
180	薬
181	由
182	油
183	有
184	遊
185	予
186	羊
187	洋
188	葉
189	陽
190	様
191	落
192	流
193	旅
194	両
195	緑
196	礼
197	列
198	練
199	路
200	和

第四学年（二〇〇字）

番号	漢字
1	愛
2	案
3	以
4	衣
5	位
6	囲
7	胃
8	印
9	英
10	栄
11	塩
12	億
13	加
14	果
15	貨
16	課
17	芽
18	改
19	械
20	害
21	街
22	各
23	覚
24	完
25	官
26	管
27	関
28	観
29	願
30	希
31	季
32	紀
33	喜
34	旗
35	器
36	機
37	議
38	求
39	泣
40	救
41	給
42	挙
43	漁
44	共
45	協
46	鏡
47	競
48	極
49	訓
50	軍
51	郡
52	径
53	型
54	景
55	芸
56	欠

57	58	59	60	61	62	63	64	65	66	67	68	69	70	71	72	73	74	75	76	77	78
結	建	健	験	固	功	好	候	航	康	告	差	菜	最	材	昨	札	刷	殺	察	参	産

79	80	81	82	83	84	85	86	87	88	89	90	91	92	93	94	95	96	97	98	99	100
散	残	士	氏	史	司	試	児	治	辞	失	借	種	周	祝	順	初	松	笑	唱	焼	象

101	102	103	104	105	106	107	108	109	110	111	112	113	114	115	116	117	118	119	120	121	122
照	賞	臣	信	成	省	清	静	席	積	折	節	説	浅	戦	選	然	争	倉	巣	束	側

123	124	125	126	127	128	129	130	131	132	133	134	135	136	137	138	139	140	141	142	143	144
続	卒	孫	帯	隊	達	単	置	仲	貯	兆	腸	低	底	停	的	典	伝	徒	努	灯	堂

番号	漢字
145	働
146	特
147	得
148	毒
149	熱
150	念
151	敗
152	梅
153	博
154	飯
155	飛
156	費
157	必
158	票
159	標
160	不
161	夫
118	付
163	府
164	副
165	粉
166	兵
167	別
168	辺
169	変
170	便
171	包
172	法
173	望
174	牧
175	末
176	満
177	未
178	脈
179	民
180	無
181	約
182	勇
183	要
184	養
185	浴
186	利
187	陸
188	良
189	料
190	量
191	輪
192	類
193	令
194	冷
195	例
196	歴
197	連
198	老
199	労
200	録

第五学年（一八五字）

番号	漢字
1	圧
2	移
3	因
4	永
5	営
6	衛
7	易
8	益
9	液
10	演
11	応
12	往
13	桜
14	恩
15	可
16	仮
17	価
18	河
19	過
20	賀
21	快
22	解
23	格
24	確
25	額
26	刊
27	幹
28	慣

29	30	31	32	33	34	35	36	37	38	39	40	41	42	43	44	45	46	47	48	49	50
眼	基	寄	規	技	義	逆	久	旧	居	許	境	均	禁	句	群	経	潔	件	券	険	検

51	52	53	54	55	56	57	58	59	60	61	62	63	64	65	66	67	68	69	70	71	72
限	現	減	故	個	護	効	厚	耕	鉱	構	興	講	混	査	再	災	妻	採	際	在	財

73	74	75	76	77	78	79	80	81	82	83	84	85	86	87	88	89	90	91	92	93	94
罪	雑	酸	賛	支	志	枝	師	資	飼	示	似	識	質	舎	謝	授	修	述	術	準	序

95	96	97	98	99	100	101	102	103	104	105	106	107	108	109	110	111	112	113	114	115	116
招	承	証	条	状	常	情	織	職	制	性	政	勢	精	製	税	責	績	接	設	舌	絶

番号	漢字
117	銭
118	祖
119	素
120	総
121	造
122	像
123	増
124	則
125	測
126	属
127	率
128	損
129	退
130	貸
131	態
132	団
133	断
134	築
135	張
136	提
137	程
138	適
139	敵
140	統
141	銅
142	導
143	徳
144	独
145	任
146	燃
147	能
148	破
149	犯
150	判
151	版
152	比
153	肥
154	非
155	備
156	俵
157	評
158	貧
159	布
160	婦
161	富
162	武
163	復
164	複
165	仏
166	編
167	弁
168	保
169	墓
170	報
171	豊
172	防
173	貿
174	暴
175	務
176	夢
177	迷
178	綿
179	輸
180	余
181	預
182	容
183	略
184	留
185	領

第六学年（一八一字）

番号	漢字
1	異
2	遺
3	域
4	宇
5	映
6	延
7	沿
8	我
9	灰
10	拡
11	革
12	閣
13	割
14	株

15	16	17	18	19	20	21	22	23	24	25	26	27	28	29	30	31	32	33	34	35	36
干	巻	看	簡	危	机	揮	貴	疑	吸	供	胸	郷	勤	筋	系	敬	警	劇	激	穴	絹

37	38	39	40	41	42	43	44	45	46	47	48	49	50	51	52	53	54	55	56	57	58
権	憲	源	厳	己	呼	誤	后	孝	皇	紅	降	鋼	刻	穀	骨	困	砂	座	済	裁	策

59	60	61	62	63	64	65	66	67	68	69	70	71	72	73	74	75	76	77	78	79	80
冊	蚕	至	私	姿	視	詞	誌	磁	射	捨	尺	若	樹	収	宗	就	衆	従	縦	縮	熟

81	82	83	84	85	86	87	88	89	90	91	92	93	94	95	96	97	98	99	100	101	102
純	処	署	諸	除	将	傷	障	城	蒸	針	仁	垂	推	寸	盛	聖	誠	宣	専	泉	洗

番号	漢字
103	染
104	善
105	奏
106	窓
107	創
108	装
109	層
110	操
111	蔵
112	臓
113	存
114	尊
115	宅
116	担
117	探
118	誕
119	段
120	暖
121	値
122	宙
123	忠
124	著
125	庁
126	頂
127	潮
129	賃
129	痛
130	展
131	討
132	党
133	糖
134	届
135	難
136	乳
137	認
138	納
139	脳
140	派
141	拝
142	背
143	肺
144	俳
145	班
146	晩
147	否
148	批
149	秘
150	腹
151	奮
152	並
153	陛
154	閉
155	片
156	補
157	暮
158	宝
159	訪
160	亡
161	忘
162	棒
163	枚
164	幕
165	密
166	盟
167	模
168	訳
169	郵
170	優
171	幼
172	欲
173	翌
174	乱
175	卵
176	覧
177	裏
178	律
179	臨
180	朗
181	論

■編著者略歴

長野　秀章（ながの　ひであき）
1949年、東京生まれ。
現在、東京学芸大学教育学部教授。
前・文部科学省初等中等教育局教育課程課教科調査官

▷ 主な編著書

書写指導のポイント（共編：1987年，教育出版）
漢字指導の手引き（共編：1989年，教育出版）
ドクタースランプなぞりがきえほん　1～3（監修：1999年，集英社）
ちびまる子ちゃんの漢字辞典　1～2（監修：1999～2000年，集英社）
高等学校新学習指導要領の解説・芸術（共編：2001年，学事出版）

■写真協力

東京都江戸川区立西小松川小学校
東京都杉並区立高井戸第三小学校

実践！小学書写
すぐに使える指導のアイディア

二〇〇四年九月一日　初版第一刷発行
二〇一一年一月二十七日　初版第七刷発行

編著者　長野秀章©
発行者　小林一光
発行所　教育出版株式会社
一〇一-〇〇五一　東京都千代田区神田神保町二丁目十番地
電話　〇三(三二三八)六九六五
FAX　〇三(三二三八)六九九九
振替　〇〇一九〇-一-一〇七三四〇

組版・印刷・製本　ビーコム・神谷印刷・上島製本

落丁・乱丁本はお取替いたします。
URL : http://www.kyoiku-shuppan.co.jp
ISBN978-4-316-38990-5 C3037